# 회생위원이 감수한 알기 쉬운
# 개인회생·파산

개인회생·파산 절차의 모든 것!
이 한권으로 개인회생·파산을 마스터 하세요!
오늘부터 빚의 굴레에서 벗어난 당신의 인생 2막이 시작됩니다.
서민신용통합지원센터(www.zerobank.co.kr)가 함께합니다.

[저자 약력]

## 김민규

- 현 법률사무소 선율 대표변호사
- 현 선율 특허법률사무소, 세무회계사무소 선율, 공인중개사사무소 선율, 가맹거래사사무소 선율
- 현 장안대학교 교수
- 현 서울지방변호사회 이사
- 현 OO 세무서 국세심사위원회 위원
- 현 서울북부검찰청 범죄피해자지원센터 위원
- 현 고려대학교 공익법상담소 자문변호사
- 현 서울시 공익변호사
- 고려대학교 민법학 박사 수료
- 고려대학교 법학전문대학원 졸업
- KAIST 수학과 우등 졸업
- 검찰총장 표창 수상


## 김미현

- 현 법무법인(유한) 광장(Lee & Ko) 파트너 변호사
- 뉴욕주 변호사시험 합격
- New York University School of Law LL.M. (Corporation Law 전공)
- 제40기 사법연수원 수료
- 제50회 사법시험 합격
- 제52회 행정고시 합격
- 서울대학교 법과대학 졸업

# 목 차

I. 서 론 ·································································································· 1

II. 개인회생이란? ··············································································· 7
  1. 개인회생의 정의 ········································································ 8
  2. 개인회생 신청자격 ···································································· 9
  3. 개인회생 절차방법 ·································································· 14
  4. 신청서 작성방법 ······································································ 30

III. 개인회생 절차 Q&A ································································ 85

IV. 개인파산이란? ··········································································· 111
  1. 개인파산의 정의 ···································································· 112
  2. 개인파산 신청자격 ································································ 113
  3. 개인파산 신청절차 ································································ 115
  4. 신청서 작성방법 ···································································· 121

V. 용어해설 ····················································································· 125

VI. 개인회생/개인파산 무료 신청지원 ······································· 155
  1. NEW START 상담센터 ······················································· 156
  2. 신용 회복 위원회 ·································································· 157
  3. 서울시 복지 재단 ·································································· 159
  4. 한국가정법률 상담소 ···························································· 163
  5. 한국자산관리공사 ·································································· 166
  6. 법원 소송구조제도 ································································ 167
  7. 법률구조공단 ·········································································· 171

# I. 서 론

### 나 다시 돌아갈 수 있을까?

나회생씨는 직원 1명을 두고 아내와 작은 공구점을 운영하며 소박하게 살고 있었다. 학교에서 학급 반장을 도맡아하며 공부도 곧 잘하는 큰 딸과 가끔 말썽을 피우기는 하지만 늘 활달하고 친구들을 몰고 다니는 둘째 아들은 별 탈 없이 잘 자라주고 있었고, 그가 거래처들과 오랫동안 쌓은 신용 덕분에 가게도 부자가 될 만큼 큰돈은 못 벌어도 네 식구 생활비에 부족함이 없을 정도는 유지되고 있었다. 그는 행복했고 자신이 복이 많은 사람이라고 생각했다. 그러나 나회생씨의 소박한 일상이 깨지는 것은 단 한 순간의 일이었다.

어느 날 그와 오래 거래를 해 온 거래업체의 사장인 김부도씨가 그에게 외상으로 물건을 공급해 달라고 부탁을 해왔다. 그를 믿었던 나회생씨는 그 말을 믿고 김부도씨에게 물건을 공급해 주었고, 어느 날부터 차일피일 대금 지급을 미루는 그를 보며 불안감이 생기기는 하였으나 괜찮을 거라고 애써 불안감을 잠재웠다. 그러던 어느 날 김부도씨가 사업을 부도내고 잠적했다는 소식이 들려왔다. 그 소식을 듣는 순간 나회생 씨의 머릿속은 하얘졌다. 나회생씨가 그에게 받지 못한 납품대금은 5천만 원에 달했기 때문이다.

이후 자금이 궁해진 나회생씨는 공급업체에게 대금을 제 때 지급하지 못하여 독촉 전화를 받는 일이 잦아졌다. 거기다 직원의 월급과 가게 임대료까지 차일피일 밀리자 나회생씨는 길거리에서 받은 전단지의 내용을 떠올렸다. 그 전단지에서는 급히 필요한 돈을 즉시 아무 조건 없이 빌려준다는 대부업체의 연락처가 기재되어 있었다. 결국 나회생씨는 잠깐만 급전을 빌려 해결하면 김부도씨를 찾아 납품대금을 받고 모든 일이 잘 해결될 것이라고 단순하게 생각하면서, 대부업체를 찾아가 사채를 빌려 쓰기 시작했다. 그러나 금방 찾을 수 있을 것만 같았던 김부도씨는 연락이 닿지 않았고, 그 사이 그가 갚아야 할 사채 빚은 걷잡을 수 없이 점점 늘어나고 있었다. 눈 깜

빡할 사이에 그의 빚은 2억여 원으로 불어났다. 더불어 대부업체의 빚 독촉도 시작되었다. 매일 매일 대부업체의 빚 독촉 전화를 받으며 지쳐가던 어느 날 나회생씨는 자신도 모르게 한강 다리로 향했다. 다리 위에 서니 아내, 아이들과 함께 행복했던 지난날들이 생각났다. 평범했지만 행복했던 그 시절로 다시 돌아갈 수 없을 것만 같았다.

**인생 2막이 시작되다!**

그때였다. 오랫동안 연락이 끊겼던 친구 박재기씨에게서 전화가 온 것은. 그의 친구는 그의 딱한 사정을 전해들은 듯했다. 박재기씨는 자신이 부친의 보증 빚 때문에 얼마나 고통을 겪었는지, 그래서 지인들에게조차 차마 연락을 하지 못했던 자신의 지난날들에 대해 조곤조곤 이야기하기 시작했다. 그리고 자신 역시 나회생씨와 같은 상황이었기 때문에 나회생씨의 심정을 잘 알고 있다며, 자신은 현재 개인회생·파산 절차를 통해 빚을 탕감 받고 더 이상 채권자들의 독촉 전화에 시달리지 않으며 다시 희망을 꿈꾸기 시작했노라 자신의 이야기를 들려주었다. 그 순간 나회생씨의 눈이 번쩍 뜨였다. 나도 개인회생·파산 절차를 통해 빚의 굴레에서 벗어날 수 있을까…?

그 길로 즉시 나회생씨는 박재기씨가 소개해준 개인회생·파산 전문 센터를 찾아갔다. 그 곳에서 개인회생·파산 전문가 도우미씨가 박재기씨로부터 연락을 받았다면서 나회생씨를 친절하게 맞아 주었다. 도우미씨는 나회생씨의 이야기를 듣자마자 더 이상 걱정하지 말라고, 나회생씨는 개인회생절차를 통해 충분히 빚을 탕감 받을 수 있다고 나회생씨를 안심시켜 주었다. 그간 마음고생이 심했던 나회생씨는 그 순간 안도의 눈물을 흘렸다.

도우미씨는 나회생씨에게 개인회생절차에 대해 친절히 설명해 주고 채무내역서 등 개인회생을 위해 필요한 자료를 모아 올 것을 요청했다. 나회생씨는 도우미씨의 도움을 받아 자료를 수집하고 개인회생신청을 위한 서류들을 준비해 나가기 시작했다. 법원에 개인회생신청서를 접수한 때로부터 3달 후, 드디어 나회생씨는 원금 80%와 이자 전액을 면제받고 매달 80만원씩 3년간만 갚아나가면 모든 빚을 청산할 수 있다는 법원의 인가를 받게 되었다.

현재 나회생씨는 착실히 빚을 갚아나가고 있다. 그에게는 새로 주어진 매일의 일상이 너무나 소중하다. 더 이상 빚 독촉 전화를 받지 않아도 되고 불어나는 이자에 대해 걱정하지 않아도 된다. 아내와 아이들의 얼굴에서는 그늘이 걷혔고, 가족 모두가 미래를 대한 희망에 부풀어 있다. 나회생씨가 개인회생·파산 절차를 알지 못했다면 그는 오늘과 같이 행복한 일상을 결코 다시 누릴 수 없었을 것이다.

요즘 나회생씨의 별명은 개인회생·파산 절차 전도사이다. 그는 개인회생·파산 절차를 주위에 소개하고, 다른 어려운 사람들을 돕기 위해 애쓰고 있다. 그와 비슷한 처지에 있는 사람들이 보다 많이 개인회생·파산 절차를 통해 인생 2막을 시작하기를 바라기 때문이다. 그것이 그가 벼랑 끝에서 받은 도움을 다른 이들에게 다시 되돌려주는 길이라고 생각한다.

**평범한 사람들의 인생 2막을 위하여!**

요즘 코로나가 불러온 불황 때문에 우리 주위에는 벼랑 끝으로 내몰린 자영업자와 소상공인, 중소기업인들을 점차 늘어나고 있다. 또한, 최저임금 상승으로 인해 시간제·일용직 등 단기 일자리가 없어지면서 빚에 허덕이는 사람들도 많이 찾아 볼 수 있다. 이처럼 우리 주위의 평범하지만 어려운 사람들이 어떻게 나회생씨처럼 인생 2막을 시작할 수 있을까?

나회생씨는 예외적인 케이스도 아니고 운이 특별히 좋은 사람도 아니다. 일반적인 사람들도 누구나 인생에서 예상치 못한 난관을 만나 나회생씨와 같이 빚 독촉에 시달릴 수 있고 극단적 선택에 내몰릴 수 있다. 그러나 극단적 선택을 한 사람들과 다시 새 삶을 시작한 나회생씨의 차이점은 단 하나이다. 개인회생·파산 절차를 알았는지가 바로 그것이다.

빚 독촉에 시달리는 누구나 나회생씨처럼 개인회생·파산 절차를 통해 빚을 탕감 받고 재기에 성공할 수 있다. 이는 전혀 어려운 것이 아니고 지레 겁을 집어 먹을 필요는 없다.

그렇다면 평범하지만 어려운 사람들이 빚의 굴레를 끊고 인생 2막을 열기 위해서는 무엇부터 시작해야 할까? 방법은 간단하다. 다음 페이지를 넘기는 순간부터 개인회생·파산 절차의 모든 것이 시작된다.

# II. 개인회생이란?

## 1. 개인회생의 정의[1]

개인회생제도는, 재정적 어려움으로 인하여 파탄에 직면하고 있는 개인채무자로서 장래 계속적으로 또는 반복하여 수입을 얻을 가능성이 있는 자에 대하여 채권자 등 이해관계인의 법률관계를 조정함으로써 채무자의 효율적 회생과 채권자의 이익을 도모하기 위하여 마련된 절차로서, 2004. 9. 23. 부터 시행하게 되었다. 즉 개인회생제도란, 총 채무액이 무담보채무의 경우에는 5억원, 담보부채무의 경우에는 10억원 이하인 개인채무자로서 장래 계속적으로 또는 반복하여 수입을 얻을 가능성이 있는 자가 3년간(채무자 회생 및 파산에 관한 법률 제611조 제5항 단서의 경우 5년) 일정한 금액을 변제하면 나머지 채무의 면제를 받을 수 있는 절차이다.

'개인회생'은 이처럼 재정적 어려움을 겪고 있는 사람들에게 한줄기 빛으로 다가올 수 있는 효율적인 법률 제도이다. 개인회생이란 법원이 강제로 채권자의 채무를 조정하는 개인 법정관리 시스템을 말한다. 개인회생을 신청한 채무자는 법원이 정해 준 기간에 일정 금액을 변제하면 되며 이를 완료할 경우 채무로부터 어느 정도 해방될 수 있다. 개인회생은 채권자의 별도 동의 없이 원금 최대 90%까지 면책 받을 수 있다는 장점이 있다. 아울러 개인회생 변제 기간 동안 공무원, 교사, 의사 등 전문직종 자격이 그대로 유지되며 가압류, 압류 등의 강제 집행도 중지된다. 채권자의 협박 및 추심도 금지된다. 또한 개인 재산도 보유할 수 있으며 취업과 본인 명의 사업에도 아무런 지장이 없다.

파산 및 개인워크아웃과는 어떤 차이가 있을까? 회생제도는 채무자에게 일정한 수입이 있는 것을 전제로 채무자가 원칙적으로 3년간(「채무자 회생 및 파산에 관한 법률」 제611조제5항 단서의 경우 5년) 원금의 일부를 변제하면 나머지를 면책 받을 수 있는 제도임에 반해 개인파산제도의 주된 목적

---

[1] 대한법률구조공단, 대한민국 법원 전자민원센터

은, 모든 채권자가 평등하게 채권을 변제받도록 보장함과 동시에, 채무자에게 면책절차를 통하여 남아 있는 채무에 대한 변제 책임을 면제받아 경제적으로 재기·갱생할 수 있는 기회를 부여하는 것이다.

개인파산을 신청하는 이유는 주로 파산선고를 거쳐 면책결정까지 받음으로써 채무로부터 해방되기 위한 것이다. 장래에 계속 또는 반복해 수입을 얻을 가능성이 있는 사람이 신청할 수 있는 회생과 달리, 파산은 채권자의 동의와 채무 일부 면책을 전제로 사업을 접거나 본인의 재산이나 권리를 모두 포기하는 것을 의미한다. 그만큼 최후의 수단이 될 수밖에 없다. 누구라도 회생의 길을 걷고 싶겠지만 채무재조정을 통한 채무상환 능력을 입증해야 가능하다.

개인워크아웃도 개인회생제도와 같이 일정한 수입을 전제로 하나 ① 원칙적으로 원금을 면책 받을 수 없는 점, ② 운영주체가 법원이 아닌 신용회복위원회라는 점, ③변제기간이 무담보 채무인 경우 최장8년 (단, 「국민기초생활보장법」에서 정하는 차 상위 계층 이하 소득자의 경우 최장 10년), 담보채무의 경우 최장 20년인 점에서 차이가 있다.

## 2. 개인회생 신청자격[2]

개인회생절차를 이용할 수 있는 채무자는 일정한 수입이 있는 "급여소득자"와 "영업소득자"로서 현재 과다한 채무로 인하여 지급불능의 상태에 빠져있거나 지급불능의 상태가 발생할 염려가 있는 개인만이 신청할 수 있다. 개인회생절차는 신용회복위원회의 지원제도를 이용 중인 채무자, 배드뱅크 제도에 의한 지원절차를 이용 중인 채무자도 이용할 수 있고, 파산절차나 회생절차가 진행 중인 사람도 개인회생절차를 신청할 수 있다.

---

[2] 서울 회생법원

1) 개인회생절차 충족 조건

(1) 채무자만이 신청할 수 있다.

파산의 신청권자는 채권자도 포함되나, 개인회생제도는 채무자의 자발적인 의사에 기하여 변제할 것으로 내용으로 하는 절차이므로 채권자의 신청에 의해 개시될 수 없다. 또한 개인회생제도는 소비자로서의 일반 개인에게 있어서 수입·지출의 균형이 깨진 경우에 갱생을 도모하려는 절차로서 조합이나 주식회사 등 법인이 신청할 수는 없다.

(2) 지급불능 또는 그러한 염려가 있어야 한다.

개인회생제도는 변제능력이 부족하여 변제기가 도래한 채무를 일반적·계속적으로 변제할 수 없는 객관적인 상태 즉, 지급불능이거나 그러한 염려가 있는 경우 신청할 수 있다. 일반적으로 현재의 재산 합계액이 채무의 총액을 초과한다면 지급불능으로 보기는 어렵다고 할 수 있다.

(3) 계속적 수입 가능성이 있어야 한다.

개인회생제도는 아르바이트, 파트타임 종사자, 비정규직, 일용직 등 그 고용형태와 영업소득신고의 유무에 불구하고 장래 계속적 또는 반복하여 수입을 얻을 가능성이 있어, 이를 변제의 재원으로 삼아 변제계획을 수행해 나가는 제도이다. 따라서 급여소득자의 경우 근로소득원천징수영수증, 급여명세서 등, 영업소득자의 경우 종합소득세 확정 신고서, 소득금액증명원 등으로 계속적 수입이 있음을 입증해야 한다. 다만 입증이 어려운 신청인들을 위해 법원은 소득 증명서, 소득 진술서등의 양식으로 위 입증을 대신하게 할 수 있도록 하였다.

(4) 부채액의 한도가 있다.

개인회생제도는 소비자로서의 일반 개인에게 있어서 수입·지출의 균형이 깨진 경우에, 갱생을 도모하려는 절차로서 일정한 금액한도를 가지고 있다. 총 채무액중 담보부 채무액이 10억원을 초과하거나, 무담무 채무액이 5억원을 초과할 경우 개인회생 신청이 불가능하다. 위 금액은 이자, 지연 손해금 등으로 인해 시간에 따라 달라질 수 있는데, 기준이 되는 시점은 개인회생절차 개시결정일이다.

(5) 낭비자의 신청도 가능하다.

개인파산 및 면책제도에서는 '낭비 또는 도박 기타 사행행위를 하여 현저히 재산을 감소시키거나 과대한 채무를 부담하는 행위'를 면책불허가사유로 규정하여 면책 받지 못할 가능성이 있으나, 개인회생제도는 채무발생의 원인을 면책불허가사유로 규정한 바 없으므로 채무발생에 신청인의 귀책사유가 있다고 하더라도 신청할 수 있을 것이다.

(6) 파산 등 다른 채무조정절차를 밟고 있는 경우에도 신청할 수 있다.

신용회복위원회를 통하여 개인워크아웃을 수행하고 있는 경우나 파산을 신청하여 그 절차를 진행하고 있는 경우라 할지라도 개인회생절차를 신청할 수 있으며, 특히 파산절차가 진행 중인 경우에는 개인회생절차가 개시되면 파산절차는 중지된다. 또한, 통합도산법은 개인회생절차의 신청이 기각되거나 폐지되는 경우에도 얼마든지 다시 신청할 수 있도록 하고, 개인회생을 하여 면책을 받은 사실이 있는 경우에도 면책확정일로부터 5년이 경과되면 다시 개인회생신청을 하거나 파산면책 신청을 할 수 있도록 하며, 파산면책을 받은 사람이 개인회생을 하려면 면책확정일로부터 5년이 경과된 경우 개인회생을 신청할 수 있도록 하였다.

(7) 급여에 전부명령이 되어 확정된 경우에도 이를 실효시켜 개인회생을 신청할 수 있다.

전부명령이란 채권 강제집행의 한 방법으로 전부명령이 확정되면 압류된 채권은 전부채권자에게 확정적으로 양도된 것과 같은 효력이 발생한다. 구 개인채무자회생법은 신청인의 급여에 대한 전부명령이 확정된 경우 변제계획 인가결정이 된다 하더라도 이미 확정된 전부명령을 실효시킬 수 없었으나, 통합도산법은 급여에의 전부명령의 효력을 제한하여 변제계획 인가결정 이후 제공한 노무부분에 대한 전부명령의 효력은 상실되고, 변제계획 인가결정으로 인하여 전부채권자가 변제받지 못하게 되는 채권액은 개인회생채권으로 한다고 규정하였다. 따라서 구법하에서는 급여에 유효한 전부명령이 된 경우 사실상 개인회생을 신청하는 것은 불가능하였으나, 현행 통합도산법 하에서는 개인회생을 신청하여 전부명령을 실효시켜 개인회생절차를 진행할 수 있게 되었다.

### 2) 개인회생 신청자격 법령

(1) 파산의 원인인 사실이 있거나 그런 사실이 생길 염려가 있는 사람으로 다음에 해당하는 금액 이하의 채무를 부담하는 급여소득자 또는 영업소득자 (「채무자 회생 및 파산에 관한 법률」 제579조제1호)

- 유치권·질권·저당권·양도담보권가등기담보권·「동산·채권 등의 담보에 관한 법률」에 따른담보권·전세권 또는 우선특권으로 담보된 개인회생채권: 10억원

- 위 담보채권 외의 개인회생채권: 5억원

(2) 다음과 같은 일정 소득을 장래에 계속적으로 또는 반복해 얻을 가능성이 있는 사람[「개인회생사건처리지침」(대법원 재판예규 제1693호, 2018. 6. 7. 발령, 2018. 6. 13. 시행) 제7조의2)

- 급여소득자: 급여, 연금, 아르바이트, 파트타임 종사자, 비정규직, 일용직 등 그 고용형태와 소득신고의 유무에 불구하고 정기적이고 확실한 수입을 얻을 가능성이 있는 모든 개인

- 영업소득자: 부동산임대소득·사업소득·농업소득·임업소득 그 밖에 이와 유사한 수입(소득신고 유무와 관계없음)을 장래에 계속적으로 또는 반복해 얻을 가능성이 있는 모든 개인

<개인회생과 개인파산 비교>

| 개인회생 | 개인파산 |
| --- | --- |
| 소유하고 있는 재산을 처분하여 빚을 갚는 것보다 돈을 벌어서 3~5년간 채권자들에게 갚는 돈이 더 많아야 함(청산가치 보장의 원칙) | 청산가치 보장이 필요 없음 |
| 소유하고 있는 재산을 처분할 필요가 없음 | 재산을 처분하여 빚을 갚음 |
| 청산가치가 보장되는 것 이상의 일정한 수입이 있어야 함 | 일정한 수입이 없어도 됨 |
| 낭비, 도박으로 빚이 늘어난 것이어도 가능 | 낭비, 도박으로 지급불능상태에 이르렀다면 면책이 불허가 될 수 있음 |
| 채무한도에 제한 있음(담보 10억, 무담보 5억) | 채무한도 제한 없음 |

<개인회생과 일반회생 비교>

| 개인회생 | 워크아웃 |
|---|---|
| 조세, 보증채무, 사채 등 모든 채무 조정이 가능 | 신용회복지원협약에 가입한 금융기관에 대한 채무만 조정 가능 |
| 법률상 최저변제율만 지키면 원금도 탕감 가능 | 원칙적으로 원금은 전액 변제 |
| 변제기간 최장 5년 | 무담보채무 최장 8년, 담보부채무 최장 20년 이내 분할 상환 |

## 3. 개인회생 절차방법[3]

---
[3] 대한민국 법원 전자민원센터, 대한법률구조공단

1) 신청서 및 첨부서류 작성방법

- 서울회생법원 홈페이지 〉 민원 〉 민원서식 양식 모음
- 전자소송이용 시 : 대법원 홈페이지 〉 대국민서비스 〉 전자민원센터 〉 양식모음 〉 개인회생

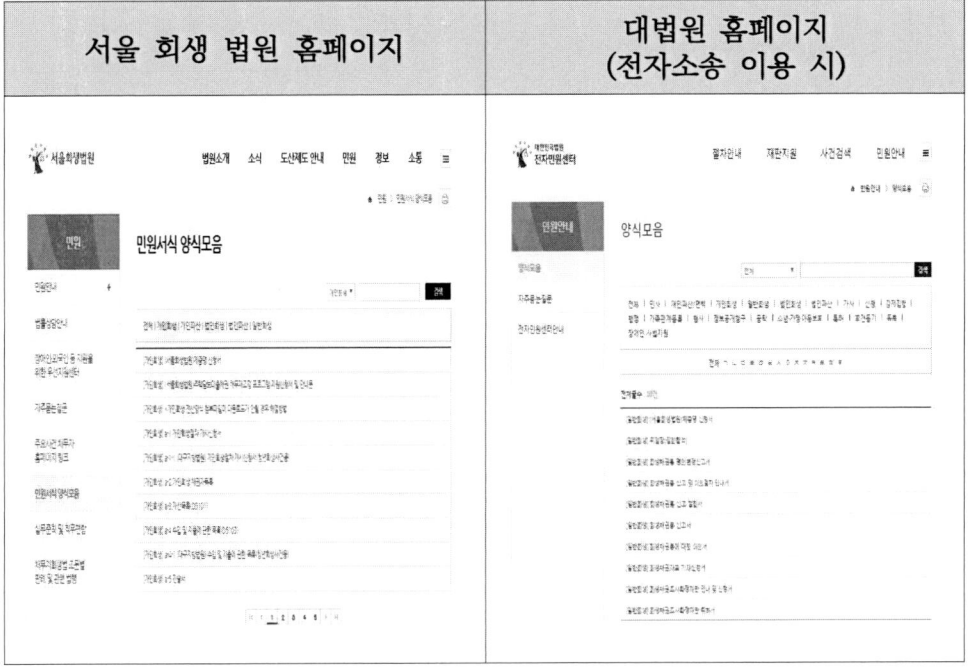

2) 신청비용

- 신청서에는 3만 원의 정부수입인지를 붙여야 함

※ 정부수입인지는 우체국, 은행, 시/구청에 직접 방문하는 방법과 온라인으로 구매하는 방법이 있다.

- 정부수입인지 온라인구매는 전자수입인지 사이트에서 구매할 수 있음

<전자수입인지 홈페이지>

- 송달료는 기본 10회분 송달료(4,800원×10회분)와 이에 추가하여 채권자 수 곱하기 8회분의 송달료(채권자수×4,800원×8)를 납부해야 함.

※ 예를 들어 채권자의 수가 5명인 경우에 드는 송달료는, 〈기본 송달료 48,000원 + (5×8×4,800원) = 총 240,000원〉이 된다.

- 영업소득자의 경우 외부회생위원에게 지급될 비용으로 150,000원을 추가로 납부하여야 함

3) 개시신청서 작성

개시신청서에서는 신청인의 성명, 주민등록번호, 주민등록상 주소 등의 인적사항을 기재하고 대리인이 있는 경우 그 대리인의 인적사항을 기재한다. 또한 신청이유에는 신청인의 소득형태(급여소득자, 영업소득자 여부)를 표시하고 변제계획안의 내용과 변제계획안이 불인가되는 경우 신청인이 개인회생위원에게 임치한 금원을 반환받을 은행 계좌번호를 기재한다. (다만, 변제계획안의 내용은 보통 최종 단계에서 밝혀질 수 있으므로 변제계획안을 모두 작성한 후 기재해야 한다.)

- 개인회생절차개시 신청서에는 다음의 사항이 기재되어야 한다.

① 채무자의 성명·주민등록번호 및 주소
② 신청의 취지 및 원인
③ 채무자의 재산 및 채무를 기재해야 함
④ 채무자에게 연락할 수 있는 전화번호(집, 직장 및 휴대전화)

- 제출 서류의 발급기한: 개인회생절차개시신청서에 첨부할 서류 중 관공서에서 작성하는 서류는 특별한 사정이 없는 한 신청일로부터 2개월 내에 발급받은 것이어야 함
- 부본의 제출: 개인회생절차개시신청 시 신청서 부본 1부 및 알고 있는 개인회생채권자 수에 2를 더한 만큼의 개인회생채권자목록 부본을 함께 제출해야 함

※ 개인회생 신청서 작성방법은 아래 <4. 신청서 작성방법>에서 자세히 알 수 있다.

### 4) 변제계획안 제출

채무자는 개시신청서를 제출한 후 14일 이내에 변제계획안을 제출해야 한다. 다만, 법원에서는 개시신청과 동시에 변제계획안을 제출하는 것을 권장하고 있다. 변제계획안에 기재되는 변제기간은 3년을 초과하지 않는 범위 내에서 채무자의 상황에 맞게 선택할 수 있으며, 변제계획안에 포함된 변제예정액표는 대법원 전자민원센터에서 제공하는 양식(엑셀파일)을 이용하면 자동 계산되어 편리하게 작성할 수 있다.

변제계획에는 다음에 해당하는 사항을 정해야 한다.
- 채무변제에 제공되는 재산 및 소득에 관한 사항
- 개인회생재단채권 및 우선권 있는 개인회생채권 전액의 변제에 관한 사항
- 개인회생채권자목록에 기재된 개인회생채권의 전부 또는 일부의 변제에 관한 사항

변제 계획안 양식은

① 가용소득만으로 변제에 제공하는 경우에는 〈대법원 전자민원센터→양식모음→변제계획안 1〉에서,

② 가용소득과 재산처분으로 변제하는 경우에는 〈대법원 전자민원센터→양식모음→변제계획안 2〉확인할 수 있다.

※ 변제계획안 작성방법은 아래 〈4. 신청서 작성방법〉에서 자세히 알 수 있다.

### 5) 보전처분, 중지·금지명령

개인회생신청 후 개시결정 전까지 신청인이 그 재산을 은닉 또는 처분하거나 채권자들의 권리행사가 쇄도하는 등의 혼란을 방지하기 위해 법원은 이해관계인의 신청 또는 직권으로 신청인의 재산에 관하여 가압류, 가처분 그 밖에 필요한 보전처분을 할 수 있다. 그러나 실무상 보전처분을 신청하는 사례는 거의 없다.

또한 개인회생 신청이 있는 경우 법원은 필요하다고 인정하는 경우 이해관계인의 신청 또는 직권으로 다음의 절차 또는 행위의 중지 또는 금지를 명할 수 있다.

> 1. 채무자에 대한 파산절차 또는 화의절차
> 2. 개인회생채권에 기하여 채무자의 업무 및 재산에 대하여 한 강제집행·가압류 또는 가처분
> 3. 개인회생채권을 변제받거나 변제를 요구하는 일체의 행위. 다만, 소송행위를 제외함.
> 4. 「국세징수법」 또는 「지방세법」에 의한 체납처분, 국세징수의 예(국세 또는 지방세 체납처분의 예를 포함한다. 이하 같다)에 의한 체납처분 또는 조세채무담보를 위하여 제공된 물건의 처분

따라서 신청인은 채무자의 강제집행이나 가압류, 가처분 등이 우려될 경우 개인회생신청과 동시에 이미 진행되고 있는 강제집행 등의 중지 또는 장래 진행될 우려가 있는 강제집행 등의 금지를 신청할 수 있고, 법원은 특별한 사정이 없는 한 개시결정 이전에 이에 대해 우선적으로 판단하고 있다.

## 6) 개인회생절차 개시결정

법원은 다음의 사유가 없는 한 개시신청 후 1개월 이내 개인회생절차 개시결정을 하게 된다. 법원은 개시결정문과 함께 채권자 이의기간, 채권자집회기일을 대법원 홈페이지(www.scourt.go.kr) 법원공고란에 게시한다.

<대한민국 법원 회생·파산 공고 게시판>

개인회생절차 개시결정은 그 결정 시부터 효력이 발생하며 개인회생절차 개시결정이 있는 경우 다음의 절차나 행위는 중지 또는 금지된다.

> 1. 채무자에 대한 회생절차 또는 파산절차
> 2. 개인회생재단에 속하는 재산에 대한 강제집행 가압류 또는 가처분(채권자목록에 기재된 채권에 한함)
> 3. 개인회생채권을 변제받거나 변제를 요구하는 일체의 행위. 단, 소송행위 제외(채권자목록에 기재된 채권에 한함)
> 4. 「국세징수법」 또는 「지방세징수법」에 따른 체납처분, 국세징수의 예(국세 또는 지방세 체납처분의 예를 포함)에 따른 체납처분 또는 조세채무 담보를 위해 제공된 물건의 처분(채권자목록에 기재된 채권에 한함)

또한, 개인회생절차개시의 결정이 있는 경우 변제계획의 인가결정일 또는 개인회생절차 폐지결정의 확정일 중 먼저 도래하는 날까지 개인회생재단에 속하는 재산에 대한 담보권의 설정 또는 담보권의 실행 등을 위한 경매는 중지 또는 금지된다. 개인회생절차개시결정으로 처분을 할 수 없거나 중지된 경우 그 기간 중에 시효는 진행하지 않는다. 채무자가 책임을 질 수 없는 사유로 개인회생채권자목록에 누락했거나 잘못 기재한 사항을 발견한 경우에는 개인회생절차개시결정 후라도 법원의 허가를 받아 개인회생채권자목록의 기재 사항을 수정할 수 있다.

※ 변제계획인가결정이 있은 경우에는 채권자목록을 수정하지 못한다.

◎ 개인회생절차개시신청의 취하

채무자는 개인회생절차의 개시결정이 있기 전에는 신청을 취하할 수 있다. 다만, 채무자가 보전처분이나 중지명령을 받은 후에는 법원의 허가를 받아야 신청을 취하할 수 있다.

◎ 개인회생절차개시신청의 기각

아래와 같은 경우, 개인회생절차 개시신청이 기각된다.

> 1. 채무자가 신청권자의 자격을 갖추지 아니한 때
> 2. 채무자가 신청서에 법에서 정한 첨부서류를 제출하지 아니하거나, 허위로 작성하여 제출하거나 또는 법원이 정한 제출 기한을 준수하지 아니한 때
> 3. 채무자가 절차의 비용을 납부하지 아니한 때
> 4. 채무자가 변제계획안의 제출기한을 준수하지 아니한 때
> 5. 채무자가 신청일전 5년 이내에 면책(파산절차에 의한 면책을 포함한다)을 받은 사실이 있는 때
> 6. 개인회생절차에 의함이 채권자 일반의 이익에 적합하지 아니한 때
> 7. 그 밖에 신청이 성실하지 아니하거나 상당한 이유 없이 절차를 지연시키는 때

◎ 기각결정에 대한 불복방법

개인회생절차개시신청의 기각결정에 대해서는 재판이 고지된 날부터 1주 이내에 서면으로 즉시항고를 할 수 있다.

기각 사유의 판단에 관한 기준은 다음과 같다.

> 대법원은 「채무자 회생 및 파산에 관한 법률」 제595조제7호와 관련하여 "소정의 '그 밖에 신청이 성실하지 아니한 때'에 해당한다는 이유로 채무자의 개인회생절차 개시신청을 기각하려면 채무자에게 제595조제1호 내지 제5호에 준하는 절차적인 잘못이 있거나, 채무자가 개인회생절차의 진행에 따른 효과만을 목적으로 하는 등 부당한 목적으로 개인회생절차 개시신청을 하였다는 사정이 인정되어야 한다.
>
> 그리고 법원 또는 회생위원은 채무자가 제출한 자료에 보완이 필요한 경우 언제든지 채무자에게 금전의 수입과 지출 그 밖에 채무자의 재산상의 업무에 관하여 보고를 요구할 수 있고, 필요하다고 인정하는 경우에는 재산상황의 조사, 시정의 요구 그 밖의 적절한 조치를 취할 수 있으며, 채무자가 법원의 보정 요구에 일단 응한 경우에는 그 내용이 법원의 요구사항을 충족시키지 못하였다 하더라도 특별한 사정이 없는 한 법원이 추가적인 보정 요구나 심문 등을 통하여 이를 시정할 기회를 제공하지 아니한 채 곧바로 그 신청을 기각하는 것은 허용되지 않는다."라고 판시(대법원 2013. 7. 12. 자 2013마668 결정).

7) 채권자 이의제기

개시신청서의 채권자목록은 해당 채권자에게 송달되며 그 채권자목록의 기재(특히 채권액)에 잘못이 있다고 생각하는 채권자는 법원이 허여한 이의기간(개시결정일로부터 2개월)이내에 이의를 제기할 수 있다. 이 경우 채권자는 신청인 또는 다른 채권자를 상대방으로 하여 개인회생채권조사확정재판을 신청할 수 있고 법원은 이해관계인을 심문하여 이의신청한 회생채권의 존부 및 내용을 정하게 된다.

(1) 서면에 대한 이의제기

- 개인회생채권자목록의 내용에 관해 이의가 있는 개인회생채권자는 이의기간 안에 서면으로 이의를 신청할 수 있다. (「채무자 회생 및 파산에 관한 법률」 제604조제1항 전단).

(2) 개인회생채권조사확정재판

- "개인회생채권조사확정재판"이란 개인회생채권자목록의 내용에 이의가 있는 개인회생채권자가 이의기간 안에 개인회생절차를 진행하고 있는 법원에 재판을 신청하면 법원이 조사하여 확정하는 재판을 말한다.(「채무자 회생 및 파산에 관한 법률」 제604조 참조).
- 개인회생채권조사확정재판은 별도의 소송으로 소송비용을 내야 하므로, 대부분의 경우에는 이의기간에 이의를 제기하는 방식을 취한다.
- 개인회생채권조사확정재판 신청서 양식은 〈대한민국 법원 전자민원센터-민원안내-양식모음〉에서 확인할 수 있다.

(3) 이의제기로 인한 수정

- 채무자가 채권자의 이의내용을 인정하는 경우에는 법원의 허가를 받아 개인회생채권자목록을 변경할 수 있다. 이 경우 법원은 조사확정재판신청에 대한 결정을 하지 아니할 수 있다.(「채무자 회생 및 파산에 관한 법률」 제604조제1항 후단).

(4) 개인회생채권의 확정

- 개인회생채권자목록에 기재된 채권자가 이의기간 안에 이의를 제기하지 않은 경우 및 개인회생채권조사확정재판신청이 각하된 경우 개인회생채권자목록의 기재대로 채권이 확정된다.(「채무자 회생 및 파산에 관한 법률」 제603조제1항).
- 개인회생채권이 확정되면 개인회생채권자 전원에 대해 확정판결과 동일한 효력이 있다.
  (「채무자 회생 및 파산에 관한 법률」 제603조 제3항).

(5) 구체 사례

- 개인회생 신청 후 금액이 다르거나, 채권자가 양도 되었다는 이의 신청
  → 이 경우는 법원에 채권자 목록 및 변제계획안을 수정해서 다시 제출하면 아무런 문제가 없다.
- 보증인이나 보증기관의 대위변제에 대한 이의신청의 경우
  → 개인회생 신청 후, 보증인이나 다른 보증기관에서 채무를 대위변제한 사실을 채권자가 안다면 이의신청을 할 수 있음. 이는 개인회생 신청에 대한 잘못을 묻는 게 아니라 대위변제한 부분에 이의신청을 한 것이기 때문에 이에 대한 답변만 잘 하면 된다.
- 최근 채무증가로 인한 이의신청
  → 개인회생채권자들이 가장 많이 하는 이의신청 사유 중 하나이다. 바로 채무자가 고의적으로 채무를 탕감받기 위해 최근에 대출을 받고 개인회생을 신청했다는 이의신청이다. 이 때문에 개인회생을 취소해달라는 내용의 이의신청이 가장 많다. 이 사실에 대해 정직하게 답변서를 수정하여 제출하면 된다.

### 8) 개인회생채권자집회

채권자집회는 변제계획안에 대한 결정을 내리는 집회는 아니며, 신청인이 변제계획안에 대해 채권자들에게 설명하고, 채권자들이 신청인의 변제계획안에 대한 이의 여부를 진술하는 집회이다. 개인회생 신청 후 개시결정이 나면 법원은 개인회생 채권자에게 이의신청과 채권자 집회 기일을 우편으로 송달한다. 개인회생채권자집회는 채권자들이 채무자의 변제계획안 내용을 듣고 이의가 있을 시 이의 진술의 기회를 부여하고 집회를 종료하므로 법원은 개인회생채권자의 변제계획안 인가 여부를 결정한다.

즉, 채권자집회 기일이란 채무자의 변제계획안에 대한 인가결정을 내리기에 이의가 없는지 확인하는 절차라고 보면 된다. 채권자집회에서 채권자의 이의가 있다고 하더라도 개인회생절차를 저지시킬 수는 없으며, 신청인은 일정한 제한에 따른 변제계획안을 작성해야 할 뿐이다. 개시결정일로부터 3개월 이내에 가능하다.

채권자집회 참석 시에는 반드시 신분증과 변제계획안을 가지고 가야된다. 채권자집회 기일이 결정되면 채권자는 출석치 않더라도 채무자는 필히 참석해야 되며, 만일 필치 못할 사정이 생겨 불참할 경우에는 사전에 법원에 기일 연기 신청을 해야 기각되지 않는다는 점을 꼭 알아둬야 한다.

(1) 변제계획에 관한 이의진술

- 채무자는 개인회생채권자집회에 출석해 개인회생채권자의 요구가 있는 경우 변제계획에 관해 필요한 설명을 해야 한다(「채무자 회생 및 파산에 관한 법률」 제613조제2항).
- 법원은 채무자가 정당한 사유 없이 출석 또는 설명을 하지 않거나 허위의 설명을 한 경우 직권으로 개인회생절차 폐지결정을 할 수 있다(「채무자 회생 및 파산에 관한 법률」 제620조제2항제2호).

- 채권자는 개인회생채권자집회에서 변제계획에 관해 이의를 진술할 수 있다(「채무자 회생 및 파산에 관한 법률」 제613조제5항).
- 이의 진술은 개인회생채권자가 개인회생채권자집회기일의 종료 시까지 이의진술서를 법원에 제출하는 방식으로 갈음할 수 있다(「채무자 회생 및 파산에 관한 규칙」 제90조제1항).

(2) 개인회생채권자집회 종료 전 계좌신고

- 개인회생채권자는 개인회생채권자집회기일 종료 시까지 변제계획에 따른 변제액을 송금받기 위한 금융기관의 계좌 번호를 회생위원에게 신고해야 한다(「채무자 회생 및 파산에 관한 규칙」 제84조제1항).
- 법원은 계좌신고를 하지 않는 개인회생채권자가 있는 경우 지급할 변제액은 변제계획에서 정하는 바에 따라 공탁할 수 있다(「채무자 회생 및 파산에 관한 규칙」 제84조제2항).

### 9) 변제계획인가

(1) 변제계획안에는 다음의 사항이 정해져야 한다.

> 1. 채무변제에 제공되는 재산 및 소득에 관한 사항
> 2. 개인회생재단채권 및 일반의 우선권 있는 개인회생채권의 전액의 변제에 관한 사항
> 3. 개인회생채권자목록에 기재된 개인회생채권의 전부 또는 일부의 변제에 관한 사항

(2) 위와 같은 사항이 있는 변제계획안이 다음의 요건을 충족하는 경우 법원은 필수적으로 변제계획인가 결정을 하게 된다.

1. 변제계획이 법률의 규정에 적합할 것
2. 변제계획이 공정하고 형평에 맞아야 하며, 수행 가능할 것
3. 변제계획인가 전에 납부되어야 할 비용·수수료 그 밖의 금액이 납부되었을 것
4. 변제계획의 인가 결정일을 기준일로 하여 평가한 개인회생채권에 대한 총변제액이 채무자가 파산하는 때에 배당받을 총액보다 적지 아니할 것. 다만, 채권자가 동의한 경우에는 그러하지 아니하다.

(3) 그러나 채권자집회에서 채권자의 이의가 제기되거나 개인회생위원이 이의를 제기하는 경우 다음의 요건을 추가로 충족해야 한다.

1. 변제계획의 인가결정일을 기준일로 하여 평가한 이의를 진술하는 개인회생채권자에 대한 총변제액이 채무자가 파산하는 때에 배당받을 총액보다 적지 아니할 것

2. 채무자가 최초의 변제일부터 변제계획에서 정한 변제기간 동안 수령할 수 있는 가용소득의 전부가 변제계획에 따른 변제에 제공될 것

3. 개인회생채권에 대한 총 변제액이 다음의 요건을 충족할 것.

   변제계획 인가결정일을 기준일로 한 개인회생채권 총 금액이 5000만원 미만인 경우에는 그 총 금액의 5%, 개인회생채권 총 금액이 5000만원 이상인 경우에는 그 총금액의 3%에서 100만원을 더한 금액. 단, 최저 변제액은 3000만원을 초과할 수 없음.
   다만, 채무자가 면제재산결정을 신청하여 면제재산결정을 받은 경우 면제 결정된 금액은 청산가치 즉, 채무자가 파산하는 때에 해당 받을 총액에서 이를 공제하므로, 개인회생채권에 대한 총변제액이 면제 결정된 금액을 공제한 청산가치를 초과하면 변제계획안 인가요건을 충족한다고 할 수 있다.

## 10) 변제계획 수행 및 면책

변제계획이 인가된 이후 신청인은 인가된 변제계획의 내용대로 개인회생위원의 예금계좌에 변제할 금원을 입금하는 방법으로 원칙적으로 3년간('18.1월 이전 5년)의 변제계획을 수행하게 된다. 면책은 5년 이내 재신청 금지이다.

채무자는 인가된 변제계획에 따라 개인회생채권자에게 변제할 금원을 회생위원에게 임치(任置)해야 한다. 개인회생채권자는 임치된 금원을 변제계획에 따라 회생위원으로부터 지급받게 된다. 개인회생채권자가 지급받지 않는 경우에는 회생위원은 채권자를 위하여 공탁할 수 있다.

회생위원은 변제액을 송금받기 위한 금융기관 계좌번호를 신고하지 않은 채권자(신고한 계좌번호에 오류가 있는 채권자도 포함)에 대해서는 변제계획에 따라 연 1회(변제계획인가일부터 1년이 지날 때마다 1회) 변제액을 공탁할 수 있다.

변제계획에서 정해진 기간 동안 변제를 완료한 때에는 법원은 신청인의 신청이나 직권으로 반드시 면책결정을 하게 되며, 면책결정이 있게 되면 잔존 채무 전액에 관해서는 변제할 책임이 없게 된다.

채무자는 개인회생채권자목록에 기재되어 있는 개인회생채권에 관해서는 변제계획에 의하지 않고 변제하거나 변제받는 등 이를 소멸하게 하는 행위(면제 제외)를 하지 못한다. 또한, 개인회생재단채권은 일반 개인회생채권보다 먼저 변제해야 한다. 다음에 해당하는 청구권을 개인회생재단채권이라 한다.

1. 회생위원의 보수 및 비용의 청구권

2. 「국세징수법」 또는 「지방세징수법」에 의하여 징수할 수 있는 다음의 청구권(단, 개인회생절차개시 당시 아직 납부기한이 도래하지 아니한 것에 한함)
   가. 원천징수하는 조세
   나. 부가가치세 개별소비세 주세 및 교통 에너지 환경세
   다. 특별징수의무자가 징수하여 납부하여야 하는 지방세
   라. 위 1. 부터 3. 에 따른 조세의 부과 징수의 예에 따라 부과 징수하는 교육세 및 농어촌특별세

3. 채무자의 근로자의 임금 퇴직금 및 재해보상금

4. 개인회생절차개시결정 전의 원인으로 생긴 채무자의 근로자의 임치금 및 신원보증금의 반환청구권

5. 채무자가 개인회생절차개시신청 후 개시결정 전에 법원의 허가를 받아 행한 자금의 차입, 자재의 구입 그 밖에 채무자의 사업을 계속하는데 불가결한 행위로 인하여 생긴 청구권

6. 위 1. 부터 5. 에 규정된 것 외의 것으로서 채무자를 위하여 지출하여야 하는 부득이한 비용

채무자가 채권자와 개인회생절차에서 다른 채권보다 후순위로 하기로 정한 채권은 그 정한 바에 따라 다른 채권보다 후순위로 한다. 다음에 해당하는 청구권을 후순위개인회생채권이라 한다.

1. 개인회생절차개시결정 후의 이자

2. 개인회생절차개시결정 후의 불이행으로 인한 손해배상액 및 위약금
   개인회생절차참가비용

3. 벌금·과료·형사소송비용·추징금 및 과태료

4. 기한이 개인회생절차개시결정 후에 도래하는 이자 없는 채권의 경우 개인회생절차개시결정이 있은 때부터 그 기한에 이르기까지의 법정이율에 의한 원리의 합계액이 채권액이 될 계산에 의해 산출되는 이자액에 상당하는 부분

5. 기한이 불확정한 이자 없는 채권의 경우 그 채권액과 개인회생절차개시결정 당시의 평가액과의 차액에 상당하는 부분

6. 채권액 및 존속기간이 확정된 정기금채권인 경우 각 정기금에 대해 산출되는 이자의 합계액에 상당하는 부분과 각 정기금에 대해 산출되는 원금의 합계액이 법정이율에 의해 그 정기금에 상당하는 이자가 원금을 초과하는 경우에는 그 초과액에 상당하는 부분

그러나 신청인이 변제계획에 따른 변제를 완료하지 못한 경우에도 다음의 요건을 충족할 경우 법원은 이해관계인의 의견을 들어 면책결정을 할 수 있다.

1. 채무자가 책임질 수 없는 사유로 인하여 변제를 완료하지 못하였을 것
2. 개인회생채권자가 면책 결정일 까지 변제받은 금액이 채무자가 파산절차를 신청한 경우 파산절차에서 배당받을 금액보다 적지 아니할 것.
3. 변제계획의 변경이 불가능할 것

법원의 면책결정이 있다고 하더라도 다음의 청구권은 면책되지 않는다.

> 1. 개인회생채권자목록에 기재되지 아니한 청구권
> 2. 조세 등의 청구권
> 3. 벌금·과료·형사소송비용·추징금 및 과태료
> 4. 채무자가 고의로 가한 불법행위로 인한 손해배상
> 5. 채무자가 중대한 과실로 타인의 생명 또는 신체를 침해한 불법행위로 인하여 발생한 손해배상
> 6. 채무자의 근로자의 임금·퇴직금 및 재해보상금
> 7. 채무자의 근로자의 임치금 및 신원보증금
> 8. 채무자가 양육자 또는 부양의무자로서 부담하여야 할 비용

### 4. 신청서 작성방법

#### 1) 개시신청서

(1) 기재 사항
① 채무자의 성명·주민등록번호 및 주소
② 신청의 취지 및 원인
③ 채무자의 재산 및 채무를 기재해야 함
④ 채무자에게 연락할 수 있는 전화번호(집, 직장 및 휴대전화)

(2) 신청에 필요한 서류
① 개인회생채권자목록 1통
② 재산목록 1통
③ 수입 및 지출에 관한 목록 1 통
④ 진술서 1통
⑤ 신청서 부본 1통(위 ①내지 ④의 첨부서류 및 소명방법을 모두 포함한

것)
⑥ 수입인지 1통(30,000원)
⑦ 송달료납부서 1통(송달료 48,000원 + (채권자수 ×4,800원 ×8))
⑧ 신청인 본인의 예금계좌 사본 1통(대리인의 예금계좌 사본 아님)
⑨ 위임장 1통(대리인에 의하여 신청하는 경우

(3) 관할법원

개인회생사건은 채무자의 주된 사무소나 영업소가 있는 곳 또는 채무자가 계속하여 근무하는 사무소나 영업소가 있는 곳에서 관할한다. 다만 주 채무자와 보증인, 채무자 및 그와 함께 동일한 채무를 부담하는 자, 부부의 경우 그 중 하나에 파산사건 또는 개인회생사건이 계속되어 있으면 같은 법원에 신청할 수 있고 신청서의 해당란에 성명과 사건번호를 기재하여야 한다. 다만, 대한민국에 주소가 없거나 주소를 알 수 없는 경우에는 거소(居所)에 따라 정하고, 거소가 일정하지 않거나 거소도 알 수 없으면 마지막 주소에 따라 정한다. 또한, 법원은 현저한 손해 또는 지연을 피하기 위해 필요하다고 인정되는 경우 직권으로 개인회생사건을 다음 중 어느 하나에 해당하는 회생법원으로 이송할 수 있다.

- 채무자의 다른 영업소 또는 사무소나 채무자 재산의 소재지를 관할하는 회생법원
- 채무자의 주소 또는 거소를 관할하는 회생법원
- 「채무자 회생 및 파산에 관한 법률」 제3조제2항 또는 제3항에 따른 회생법원
- 「채무자 회생 및 파산에 관한 법률」 제3조제2항 또는 제3항에 따라 해당 회생법원에 개인회생사건이 계속되어 있는 때에는 「채무자 회생 및 파산에 관한 법률」 제3조제1항에 따른 회생법원

**개인회생사건 관할법원의 주소 및 연락처**

| 법원 | | 주소 | | 개인회생 담당부서 | 전화번호 |
|---|---|---|---|---|---|
| 서울중앙지방법원 | 530-703 | 서울시 서초구 서초동 1701-1 | | 파산과 | 02)530-2180~1 |
| 의정부지방법원 | 480-101 | 경기도 의정부시 가능동 364 | | 민사신청과 | 031)828-0317 |
| 인천지방법원 | 402-867 | 인천광역시 남구 학익동 278-2 | | 민사신청과 | 032)860-1809 |
| 수원지방법원 | 443-704 | 경기도 수원시 영통구 원천동 80 | | 민사신청과 | 031)210-1482 |
| 춘천지방법원 | 200-715 | 강원도 춘천시 효자2동 356 | | 민사신청과 | 033)259-9711 |
| 대전지방법원 | 302-720 | 대전광역시 서구 둔산동 1390 | | 민사신청과 | 042)470-1786 |
| 청주지방법원 | 361-150 | 청주시 흥덕구 수곡동 93-1 | | 민사신청과 | 043)299-7108 |
| 대구지방법원 | 706-714 | 대구광역시 수성구 범어2동 176-1 | | 민사신청과 | 053)757-6352 |
| 부산지방법원 | 611-742 | 부산광역시 연제구 거제동 1500 | | 민사신청과 | 051)590-1746~9 |
| 창원지방법원 | 641-705 | 창원시 사파동 1번지 | | 민사신청과 | 055)239-2069 |
| 울산지방법원 | 680-704 | 울산광역시 남구 옥동 635-3 | | 민사신청과 | 052)228-8270 |
| 광주지방법원 | 501-703 | 광주광역시 동구 지산2동 342-1 | | 민사신청과 | 062)239-1568 |
| 전주지방법원 | 561-758 | 전주시 덕진구 덕진동 1가 1416-1 | | 민사신청과 | 063)259-5738 |
| 제주지방법원 | 690-826 | 제주시 이도2동 950-1 | | 민사신청과 | 064)729-2408 |

(4) 신청인

- 신청인의 성명 등 인적사항을 모두 기재한다.

- 특히 현주소는 법원으로부터 우편물을 송달받을 수 있는 확실한 주소를 기재하여야 하고 연락이 가능한 휴대폰 등 전화번호를 반드시 기재하여야 한다.

(5) 신청이유

- 급여소득자 또는 영업소득자인지 여부를 신청이유 1항의 해당란에 ☑ 표시를 한다.

- 변제계획안에 예정되어 있는 변제기간과 월변제예정액을 각 기재하고 신청일로부터 2개월 후의 일정한 날(급여소득자의 경우 급여일, 영업소득자의 경우 매출채권 회수일 등)을 정하여 그 날을 제1회의 납입개시일과 매월 변제일로 기재한다. 여기서 기재하는 금액은 변제계획인가시의 월변제예정액과 달라질 수 있다.

- 개인회생절차 개시 후 변제계획이 불인가될 경우 그 동안 적립된 금액을 반환받을 예금계좌를 기재한다.

- '개인회생절차 개시신청 후 회생위원과의 면담을 통하여 개인회생채권자목록의 잘못된 부분과 누락된 부분을 수정하는 등으로 최종적인 개인회생채권자목록을 작성한 후 그 원본과 채권자수에 2통을 더한 부본을 회생위원이 지정한 날까지 이 법원에 제출하여야 한다.

(6) 신청서 양식

## 개인회생절차 개시신청서

| 신청인 | 성 명 | | 주민등록번호 | |
|---|---|---|---|---|
| | 주민등록상 주소 | | 우편번호 : | |
| | 현 주 소 | | 우편번호 : | |
| | 송달장소 | (송달영수인:        )우편번호 : | | |
| | 전화번호(집직장) | | 전화번호(휴대전화) | |

| 대리인 | 성 명 | | |
|---|---|---|---|
| | 사무실 주소 | 우편번호: | |
| | 전화번호 (사무실) | | |
| | 이메일 주소 | FAX번호 | |

| 주채무자가(또는 보증채무자가, 연대채무자가, 배우자가) 이미 귀 법원에 파산신청 또는 개인회생절차 개시신청을 하였으므로 그 사실을 아래와 같이 기재합니다 | | | |
|---|---|---|---|
| 성 명 | | 사건번호 | |

### 신 청 취 지

「신청인에 대하여 개인회생절차를 개시한다.」라는 결정을 구합니다.

### 신 청 이 유

1. 신청인은, 첨부한 개인회생채권자목록 기재와 같은 채무를 부담하고 있으나, 수입 및 재산이 별지 수입 및 지출에 관한 목록과 재산목록에

기재된 바와 같으므로, 파산의 원인사실이 발생하였습니다(파산의 원인사실이 생길 염려가 있습니다).

□ 신청인은 정기적이고 확실한 수입을 얻을 것으로 예상되고, 또한 채무자 회생 및 파산에 관한 법률 제595조에 해당하는 개시신청 기각사유는 없습니다(<u>급여소득자의 경우</u>).

□ 신청인은 부동산임대소득·사업소득·농업소득·임업소득 그 밖에 이와 유사한 수입을 장래에 계속적으로 또는 반복하여 얻을 것으로 예상되고, 또한 채무자 회생 및 파산에 관한 법률 제595조에 해당하는 개시신청 기각사유는 없습니다(<u>영업소득자의 경우</u>).

2. 신청인은, 각 회생채권자에 대한 채무 전액의 변제가 곤란하므로, 그 일부를 분할하여 지급할 계획입니다. 즉 현시점에서 계획하고 있는 변제예정액은_____개월간 월_____원씩이고, 이 변제의 준비 및 절차비용지급의 준비를 위하여, 개시결정이 내려지는 경우 ____.____.을 제1회로 하여, 이후 매월_____에 개시결정시 통지되는 개인회생위원의 은행계좌에 동액의 금전을 입금하겠습니다.

3. 이 사건 개인회생절차에서 적립금을 반환받을 신청인의 예금계좌는 _____은행_____이며, 신청인의 계좌가 변경되거나 어떤 사유로든 사용할 수 없게 된 경우에는 신청인은 사건담당 회생위원에게 즉시 변경된 예금계좌를 신청인의 통장사본을 첨부하여 신고하겠습니다.

4. 개인회생채권자목록 부본(개인회생채권자목록상의 채권자수 + 2통)은 개시결정 전 회생위원의 지시에 따라 지정하는 일자까지 반드시 제출하겠습니다.

### 2) 개인회생채권자목록

개인회생채권자목록은 신청인이 변제계획을 수행할 기초가 되는 자료로서, 채권자 명칭, 채권현재액(원금, 이자), 채권 발생연월일 및 발생원인은 등을 정확히 기재해야 한다. 이를 정확히 기재하지 않을 경우 채권자이의가 제기될 수 있으며, 누락된 채권자의 채권은 면책되지 않으며, 개인회생절차 개시결정과 무관하게 신청인의 재산에 강제집행을 할 수 있어 결국 개인회생절차가 폐지될 우려가 있으므로 채권자를 빠짐없이 기재해야 한다.

(1) 채권현재액 산정기준일

채권현재액을 산정함에 있어서 기준이 되는 일자로 신청일 또는 신청예정일을 기재한다.

(2) 채권의 기재순서

채권의 기재는 우선권이 있는 채권, 담보부 개인회생채권(유치권·질권·저당권·양도담보권·가등기담보권·전세권 또는 우선특권으로 담보된 개인회생채권), 무담보 일반개인회생채권, 후순위 채권의 순서로 기재하고 발생일자에 따라 오래된 것부터 먼저 기재하되 여러 채권을 가진 동일한 채권자는 연속하여 기재한다.

(3) 채권현재액 총합계 등

채권자목록에 기재된 채권현재액의 원금과 이자를 모두 합산하여 '채권현재액 총합계'란에 먼저 기재한다. 다음으로 부속서류 1의 '⑤담보부 회생채권액'의 합계란의 금액을 '담보부 회생채권액의 합계'란에 기재한다. 마지막으로 '채권현재액 총합계'에서 '담보부 회생채권액의 합계'를 공제한 금액을 '무담보 회생채권액의 합계'란에 기재한다.

〈부속서류 1. 별제권부채권 및 이에 준하는 채권의 내역 (단위 : 원)〉

| 채권<br>번호 | 채권자 | ①채권현재액(원금)<br>②채권현재액(이자) | ③별제권행사등으로<br>변제가 예상되는<br>채권액 | ④별제권행사등으로<br>도 변제받을 수 없을<br>채권액 | ⑤담보부<br>회생채권액 |
|---|---|---|---|---|---|
| | | ⑥별제권 등의 내용 및 목적물 | | | |
| | | | | | |
| | | | | | |
| | | | | | |
| | | | | | |
| | | | | | |
| | | | | | |
| | | | | | |
| | | | | | |
| 합계 | | | | | |

(4) 채권자

법인 등의 경우 법인등기부에 기재된 정식명칭을 기재한다. 개인영업자의 경우 개인의 이름을 기재하되 실제 영업상 사용되는 명칭을 괄호에 넣어 병기한다. (예 : 홍길동(○○상사))

(5) 채권의 원인

채권의 발생당시를 기준으로 차용금, 매매대금 등의 채권의 발생원인, 시기 또는 기간 등을 간략히 기재하되 대여금 등의 경우 최초의 원금을 같이 기재한다. (예, 2003. 1. 1.자 대여금 10,000,000원)

(6) 채권의 내용

잔존채권의 내용, 즉 산정기준일의 원금잔액과 기존에 발생하였거나 앞으로 발생할 이자(지연손해금)등을 이자율 등에 따른 기간으로 구분해 기재한다.

(7) 채권현재액

채권현재액 산정기준일 현재의 원금과 이자(지연손해금 포함)를 구분하여 기재한다.

(8) 채권현재액 산정근거

채권현재액이 어떻게 산정되었는지 상세하게 기재한다. 산정근거를 기재할 때에는 잔여 원금과 이자 등으로 크게 구분하고, 이자 등의 계산에 있어서 산정 대상 원금, 이자율이 변경되는 경우에는 원금, 이자율이 달라지는 기간별로 나누어 계산한 근거를 기재한다. 다만 변제계획안이 원금만을 변제하는 것으로 작성된 경우에는 채권현재액의 이자 산정은 월 미만은 버리는 등으로 간이하게 산정하여도 무방하고, 금융기관에서 발급한 원금과 이자 등이 구분된 부채확인서 등을 첨부하여 채권현재액의 산정근거에 '부채확인서 등 참조(산정기준일 ○. ○. ○.)'라고만 기재하여도 된다.

금융기관 등 채권자로부터 부채확인서를 발급받기 어려운 경우에는 채권자에 대하여 원금, 이자, 이자율 등에 관한 자료송부를 청구한 다음 그 청구서를 첨부하여 제출하면 된다.(추후 채권자로부터 자료가 송부되어온 다음에 그 내용을 검토하여 개인회생채권자목록의 기재를 수정하여 다시 제출하여야 한다.) (채무자 회생 및 파산에 관한 규칙 제82조, 개인회생사건 처리지침 제4조)

(9) 보증인

채무자의 채무에 대하여 연대보증인 등이 있는 경우에는, 연대보증인 등을 채권자목록에 기재하고, 채권의 원인은 보증의 구체적인 내역을, 채권현재액란에는 '장래의 구상권'으로, 채권의 내용란에는 '보증채무를 대위변제할 경우 구상금액'이라고 기재하되, 채권번호는 보증한 채권의 채권번호에 가지번호를 붙여 표시하고 보증한 채권 바로 다음에 기재한다. (예, 연대보증한 채무의 채권번호가 3일 경우 보증채권은 3-1로 표시)

(10) 부속서류 유무

별제권부채권 및 이에 준하는 채권의 내역은 부속서류 1에, 다툼이 있거나 예상되는 채권의 내역은 부속서류 2에, 전부명령의 내역은 부속서류 3에, 기타의 경우 부속서류 4에 각 체크하고 상세한 내용은 해당 부속서류에 각 기재한다.

(11) 소명자료 제출

채권자목록상의 채권자 및 채권금액에 관한 각 소명자료를 1통씩 제출해야 된다.

### 개인회생 채권자 목록 작성 시, 중요사항

1. 채권자 목록과 같은 경우 채권자가 누락되는 경우 불이익을 받을 수 있기 때문에 모든 채권자를 빠짐없이 기재한다. (고의적으로 누락시킨 채권이 있다면 면책이 불허가된다)
2. 우선권이 있는 채권을 1순위로 적어야 하며 다음으로 담보부와 무담보 채권을 차례로 기재한다.
3. 채권의 액수를 정확하게 알기 위해서 해당 금융기관 등에 채무액수를 확인한다.

⟨부속서류 1. 개인회생채권자목록⟩

채권현재액 산정기준일:    .  .  .              목록작성일:    .  .  .

| 채권현재액<br>총합계 | | 담보부 회생<br>채권액의 합계 | | 무담보 회생<br>채권액의 합계 | |
|---|---|---|---|---|---|
| 원금의 합계 | | | | | |
| 이자의 합계 | | | | | |

※ 개시후이자 등: 아래 각 채권의 개시결정일 이후의 이자·지연손해금 등은 채무자 회생 및 파산에 관한 법률 제581조 제2항, 제446조 제1항 제1, 2호의 후순위채권입니다.

| 채권번호 | 채권자 | 채권의 원인 | | 주소 및 연락처 | |
|---|---|---|---|---|---|
| | | 채권의 내용 | | | 부속서류 유무 |
| | | 채권현재액<br>(원금) | 채권현재액(원금) 산정근거 | | |
| | | 채권현재액<br>(이자) | 채권현재액(이자) 산정근거 | | |
| | | | | (주소)<br>(전화)                (팩스) | |
| | | | | | ☐ 부속서류<br>(1, 2, 3, 4) |
| | | | | | |
| | | | | (주소)<br>(전화)                (팩스) | |
| | | | | | ☐ 부속서류<br>(1, 2, 3, 4) |
| | | | | | |
| | | | | (주소)<br>(전화)                (팩스) | |
| | | | | | ☐ 부속서류<br>(1, 2, 3, 4) |
| | | | | | |

〈부속서류 2. 다툼이 있거나 예상되는 채권의 내역〉

(단위 : 원)

| 채권번호 | 채권자 | | ①채권자목록상 채권현재액 | ②채권자 주장 채권현재액 | ③다툼이 없는 부분 | ④차이나는 부분 (② - ①) | ⑤다툼의 원인 |
|---|---|---|---|---|---|---|---|
| | | | ⑥소송제기여부 및 진행경과 | | | | |
| 3 | (주) C 크레디트 | 원금 | 27,000,000 | 30,000,000 | 27,000,000 | 3,000,000 | 2003. 9. 21.자 300만원 변제여부 |
| | | 이자 | 5,400,000 | 6,000,000 | 5,400,000 | 600,000 | |
| | | 2005. 2. 5. 채권자의 소제기 (○○지방법원 2005가단00호 대여금)<br>- 2005. 6.30. 원고(채권자)승소 판결<br>- 현재 ○○지방법원 2005나000호로 항소심 계속 중 | | | | | |
| | | 원금 | | | | | |
| | | 이자 | | | | | |
| | | | | | | | |
| | | 원금 | | | | | |
| | | 이자 | | | | | |
| | | | | | | | |

〈부속서류 3. 전부명령의 내역〉

(단위 : 원)

| 채권번호 | 채권자 | 채권의 내용 | 전부명령의 내역 |
|---|---|---|---|
| | | | |
| | | | |

<부속서류 4. 기 타>

채무자가 보증인인 경우 주 채무의 내용(주 채무자, 금액, 관계 등), 채무자 이외의 제 3자가 물상보증을 제공한 경우 등 위의 부속서류에 기재하기 어려운 유형의 채권이 있는 경우 아래와 같이 기재한다.

### 개인회생채권자목록

채권현재액 산정기준일: 2006. 4. 1.   목록작성일: 2006. 4. 5.

| 채권현재액 총합계 | 담보부 회생 채권액의 합계 | 무담보 회생 채권액의 합계 |
|---|---|---|
| 71,388,200원 | | 71,388,200원 |

※ 개시후이자 등: 아래 각 채권의 개시결정일 이후의 이자·지연손해금 등은 채무자 회생 및 파산에 관한 법률 제581조 제2항, 제446조 제1항 제1, 2호의 후순위채권입니다.

| 채권번호 | 채권자 | 채권의 원인 / 채권의 내용 / 채권현재액(원금) / 채권현재액(이자) | 주소 및 연락처 / 채권현재액(원금) 산정근거 / 채권현재액(이자) 산정근거 | 부속서류 유무 |
|---|---|---|---|---|
| 1 | A은행(주) | 2001. 9. 4. 마이너스 통장개설<br>원금잔액 14,988,200원<br>14,988,200원 부채증명서 참조(산정기준일 2006. 4. 1.)<br>0원 부채증명서 참조 | (주소) 서울 00구 00동 00<br>(전화) 02-000-1234  (팩스) 02-000-1235 | ☐ 부속서류<br>(1, 2, 3, 4) |
| 2 | B상호저축은행 | 2002. 9. 19. 신용대출금 2,500만원<br>원금잔액 20,000,000원 및 이에 대한 03. 9. 19.부터 04. 1. 18.까지 연12%, 그 다음날부터 완제일까지 연 24%의 비율에 의한 금원<br>20,000,000원 03. 9. 19. 500만원 변제<br>4,000,000원 부채잔액증명서 참조(산정기준일 2006. 4. 1.) | (주소) 서울 00구 00동 00<br>(전화) 02-000-1236  (팩스) 02-000-1237 | ☐ 부속서류<br>(1, 2, 3, 4) |
| 3 | (주)C크레디트 | 2003. 3. 21. 신용대출금 3,000만원<br>원금잔액 27,000,000원 및 이에 대한 03. 9. 21.부터 완제일까지 연 20%의 비율에 의한 금원<br>27,000,000원 03. 9. 21. 300만원 변제<br>5,400,000원 부채증명원 참조(산정기준일 2006. 4. 1.) | (주소) 서울 00구 00동 00<br>(전화) 02-000-1238  (팩스) 02-000-1239 | ☐ 부속서류<br>(1, 2, 3, 4) |
| | | | (주소)<br>(전화)     (팩스) | ☐ 부속서류<br>(1, 2, 3, 4) |

3) 재산 목록

재산목록은 신청인의 재산 상태를 파악하고 신청인의 재산합계액 즉, 청산가치를 밝혀 변제계획안이 청산가치를 보장하는 내용으로 작성되었는지 여부를 판단하는 자료가 된다. 개인회생절차 개시신청서의 필수 첨부 서면으로 개인회생 채무자의 재산은 변제계획안 작성 때 지켜져야 하는 청산가치 보장의 원칙의 기준이 된다. 재산합계액이 신청인의 무담보채무 합계액을 초과할 경우 지급불능으로 보기 어려워 원칙적으로 개인회생을 신청하기 어렵다. 그렇기 때문에 총 변제액의 현재가치가 채무자의 재산보다는 커지도록 변제금액을 결정해야 한다.

(1) 현금: 10만 원 이상인 경우 기재한다.

(2) 예금
- 소액이라도 반드시 기재한다.
- 정기예금·적금·주택부금 등 예금의 종류를 불문하고 모두 기재한다.
- 채무자의 1월간 생계유지에 필요한 예금·적금·부금·예탁금·우편대체는 압류금지재산에 해당할 것이므로 청산가치에서 제외한다. 민사집행법 시행령 제7조에 의하면 압류금지 예금 등의 범위는 개인별 잔액 150만원 이하.
- 예금·적금 담보대출이 있으면 별제권으로 처리하든가 상계 후 잔액만 기재한다.
- 보유 주식 현황과 현재 가치도 기재한다.
- 개인회생절차 신청시의 잔고가 기재된 통장 사본 첨부
- 최근 1년간의 주거래통장내역 첨부
- 주식을 소유한 경우 주식잔고증명서와 최근 1년간 주식 매매현황 첨부
- 주식매도대금의 사용처 소명자료 첨부

(3) 보험
- 가입하고 있는 보험은 모두 기재한다.
- 실효된 보험도 해약환급금이 남아 있으면 기재한다.
- 약관대출이 있으면 공제한 잔액을 해약환급금으로 기재한다.
- 보장성보험의 보험금(해약환급 및 만기환급금 포함) 중 민사집행법 시행령 제6조에 규정된 압류금지 부분은 청산가치 산정에서 제외한다. 저축성, 투자형 보험은 그대로 청산가치에 반영한다.
- 보험증권사본 및 개인회생절차 신청시의 해약반환금예상액(없는 경우에는 없다는 사실)을 기재한 보험회사의 증명서 첨부

(4) 자동차(오토바이 포함)
- 자동차의 차종, 연식, 환가예상액을 기재한다.
- 자동차등록원부와 시가 증명자료 첨부

(5) 임차보증금
- 반환받을 수 있는 금액을 기재한다. 즉, 연체된 월세나 관리비를 공제한다.
- 임차보증금에 양도담보나 질권설정이 된 경우 그 금액은 공제한다. 그러나 전세자금대출을 받았더라도 담보설정을 하지 않았으면 대출금을 공제할 수 없다.
- 연체 월세 공제나 질권 설정 금액 공제 등으로 계약상의 보증금과 반환받을 수 있는 금액이 차이 나는 경우에는 '차이 나는 사유' 난에 그 사유를 기재한다.
- 배우자 명의의 임차보증금은 원칙적으로 1/2을 본인의 재산으로 본다. 배우자가 재산형성 경위를 소명하면 배우자의 재산으로 인정된다. 1/2을 계산하기 전에 담보설정금액은 공제되며, 담보설정을 하지 않았더라도 전세 자금 대출을 받은 사실이 소명되면 그 대출금도 공제한다.
- 타인으로부터 보증금을 보조 받은 경우 배우자 명의이면 공제가능하나, 본인 명의이면 공제는 안 되고 보조자를 채권자로 기재할 수는 있다.

- 주택임대차보호법 제8조와 시행령 제10조, 제11조에 따라 우선변제를 받을 수 있는 금액은 압류가 금지되므로 청산가치에 포함시키지 않는다.
- 임대차계약서 사본 첨부
- 연체된 월세 등을 공제한 경우 임대인의 확인서(임대인의 신분증 사본을 첨부하거나 인감을 날인하고 인감증명서를 첨부한다)
- 보증금이나 월세금액이 의심스러운 경우에는 임차보증금과 월세가 지급된 금융자료를 첨부해야 할 수 있다.
- 제3자 명의의 주거에 무상 거주하는 경우 제3자의 확인서(신분증 사본 첨부), 제3자의 주민등록등본 또는 초본 첨부

<압류가 금지되는 임대차보증금의 범위(2018. 9. 18.부터)>

|  | 압류금지 금액<br>(제10조, 보증금 중 일정액의 범위) | 보증금 상한액<br>(제11조, 우선변제를 받을 임차인의 범위) |
|---|---|---|
| 서울특별시 | 3천7백만원 | 1억1천만원 |
| 과밀억제권역<br>(서울특별시 제외),<br>세종특별 자치시,<br>용인시 및 화성시 | 3천4백만원 | 1억원 |
| 광역시<br>(과밀억제권역과<br>군지역은 제외),<br>안산시, 김포시,<br>광주시 및 파주시 | 2천만원 | 6천만원 |
| 그 밖의 지역 | 1천7백만원 | 5천만원 |

(6) 부동산
- 등기부등본, 재산세과세증명서 첨부
- 시세확인자료 첨부
  : 아파트는 인터넷시세자료, 국토해양부 실거래정보 활용. 기타 주택이나 토지는 감정평가서 또는 인근 공인중개사 2인의 시가확인서(사업자등록 또는 명함 사본 첨부)를 활용하거나 오지나 맹지라서 불가능할 경우 공시지가의 130% 이상 가액
- 경매가 진행 중인 경우 감정평가서
- 저당권 등 등기된 담보권에 대하여는 은행 등 담보권자가 작성한 피담보채권의 잔액증명서 등의 증명자료 첨부

(7) 사업용 설비, 재고품, 비품 등
- 영업소득자의 경우에 그 영업에 필요한 설비, 비품 등을 기재하도록 한다.
- 설비 등의 상세목록 첨부
- 사업장 내·외부 사진 첨부
- 규모가 큰 영업자는 재무상태표·손익계산서 첨부

(8) 대여금 채권
- 계약서의 사본 등 대여금의 현재액을 알 수 있는 자료 첨부
- 변제받는 것이 어려운 경우에는 그 사유를 기재한 진술서 첨부

(9) 매출금 채권
- 영업소득자의 경우 영업장부의 사본 등 매출금의 현재액을 알 수 있는 자료 첨부
- 변제받는 것이 곤란한 경우에는 그 사유를 기재한 진술서 첨부

(10) 예상 퇴직금 첨부
- 급여소득자의 근무기간이 6개월 이상인 경우 현재 퇴직할 경우 지급받을 수 있는 퇴직금 예상액을 기재한다.
- 민사집행법 제246조 제1항에 의하여 압류할 수 없는 1/2 부분, 공무원연금법 제32조, 군인연금법 제7조, 사립학교교직원연금법 제40조 등에 의하여 특별법상으로 압류가 금지되어 있는 퇴직금 등은 기재하지 않고, 비고란에 표시한다.
- 사용자 작성의 퇴직금 계산서 등 증명서 첨부

(11) 면제재산 결정 신청금액
- 면제재산 결정을 신청한 재산의 금액과 그 내역을 기재한다.
- 재산 합계액에서 면제재산 결정신청금액을 공제한 잔액을 청산가치로 기재한다.

(12) 압류 및 가압류 유무
- 재산 항목에 대하여 압류·가압류 등 강제집행이 있는 경우에는 그 유무를 해당란에 표시한다.
- 압류·가압류의 결정법원, 사건번호, 상대방 채권자, 압류된 금액 등 상세한 내용은 [신청서 첨부서류 4] 진술서의 해당란에 기재한다.
- 결정문 등 관련자료 첨부

(13) 기타
- 기재할 사항이 많은 항목은, 그 항목에 "별지 기재와 같음"이라고 적은 후, 별지를 첨부한다.
- 재산유무 확인 자료로 지방세 세목별 과세증명 첨부(최근 5년 간)
- 국민건강보험 지역가입자일 경우에는 국민건강보험료 부과산정내역서 첨부

〈재산목록 양식〉

| 명 칭 | 금액 또는 시가(단위:원) | 입증자료 유무 | 비 고 | | | |
|---|---|---|---|---|---|---|
| 현금 | | | | | | |
| 예금 | | | 금융기관명 | | | |
| | | | 계좌번호 | | | |
| | | | 잔고 | | | |
| 보험 | | | 보험회사명 | | | |
| | | | 증권번호 | | | |
| | | | 해약반환금 | | | |
| 자동차 (오토바이 포함) | | | | | | |
| 임차보증금 (반환받을 금액을 금액란에 적는다) | | | 임차물건 | | | |
| | | | 보증금 및 월세 | | | |
| | | | 차이 나는 사유 | | | |
| 부동산 (환가예상액에서 피담보채권을 뺀 금액을 금액란에 적는다) | | | 소재지,면적 | | | |
| | | | 부동산의 종류 | 토지( ), 건물( ), 집합건물( ) | | |
| | | | 권리의 종류 | | | |
| | | | 환가예상액 | | | |
| | | | 담보권 설정된 경우 그 종류 및 담보액 | | | |
| 사업용 설비, 재고품, 비품 등 | | | 품목,개수 | | | |
| | | | 구입시기 | | | |
| | | | 평가액 | | | |
| 대여금 채권 | | | 상대방 채무자 1: | | | ☐ 소명자료 별첨 |
| | | | 상대방 채무자 2: | | | ☐ 소명자료 별첨 |
| 매출금 채권 | | | 상대방 채무자 1: | | | ☐ 소명자료 별첨 |
| | | | 상대방 채무자 2: | | | ☐ 소명자료 별첨 |
| 예상 퇴직금 | | | 근무처: | | | |
| 기타 ( ) | | | | | | |
| 합계 | | | | | | |

### 4) 수입 및 지출에 관한 목록

개인회생절차 개시신청은 일정한 소득에서 발생하는 가용소득으로 3년간 어떻게 빚을 갚아갈 것인지에 대한 변제계획이 핵심이다. 이러한 가용소득의 산출을 위해 일정한 소득과 최저생계비 구성에 대한 내용을 기입해야 하는데 이것이 '수입 및 지출에 관한 목록'이다.

개인회생은 수입에서 법원인정 최저생계비를 공제한 나머지(가용소득)를 변제에 투입해야하므로, 채무자의 '수입 및 지출에 관한 목록'을 별도로 작성하도록 한다.

개인회생절차 개시신청 시 소득에 관해 증빙하는 것이 매우 중요하다. 소득은 크게 급여소득과 영업소득으로 나눌 수 있으며 그 유형에 따라 증빙방법과 서류도 달라진다.

(1) 수입

- 최근 1년간 소득을 기준으로 월평균액을 산정한다. 단, 최근 직장에 변동이 있는 경우 변동 이후의 월평균 소득액만으로 소득을 산정한다.
- 신청 당시는 물론 변제계획안 인가 시에도 수입이 있어야 한다. 따라서 계속 수입이 있다가 신청 시 실직인 경우 개인회생 신청 자격이 없다.
- 장래 소득 증가는 반영하지 않는다.
- 계속적·반복적인 증여 받는 금액, 보험금, 연금, 생활보호수급자의 생활보조금도 수입에 포함한다.

① 급여소득자의 수입
- 급여소득자라 함은 급여·연금 그 밖에 이와 유사한 정기적이고 확실한 수입을 얻을 가능성이 있는 개인을 말한다.

- 아르바이트, 파트타임 종사자, 비정규직, 일용직 등 그 고용형태와 소득신고의 유무에 불구하고 정기적이고 확실한 수입을 얻을 가능성이 있으면 급여소득자로 본다.
- 신청 직전 취업자라고 하여 신청이 불가능한 것은 아니나, 과거 소득수준에 대한 자료 등을 제출해야 할 수도 있고, 생계비를 보다 엄격하게 산정·인정받을 수 있다.

② 급여소득자의 수입 산정
- 원칙적으로 근로소득원천징수영수증 및 근로소득원천징수확인서에 의하여 산정한다.
- 근로소득원천징수영수증이 없거나, 근무 기간이 얼마 되지 않아 아직 근로소득원천징수영수증 발급대상이 아닌 경우등에는 급여명세서에 의하여 산정한다.
- 위자료가 없는 경우에는 급여통장에 의하여 산정할 수도 있다.
- 급여의 현금 수령 등으로 객관적인 소득증빙 자료가 경우에는 근로계약서, 사업주 등 제3자의 소득확인서 등과 함께 신청인의 수입상황보고서를 제출한다.
- 사업자가 발행한 재직증명서와 사업자등록증 사본 첨부
- 근로소득원천징수영수증, 근로소득원천징수확인서, 급여명세서, 급여통장 등 소득산정 근거자료 첨부

③ 영업소득자의 수입
- 부동산임대소득·사업소득·농업소득·임업소득 그 밖에 이와 유사한 수입을 장래에 계속적으로 또는 반복하여 얻을 가능성이 있는 개인을 말한다.
- 원칙적으로 자신의 명의로 사업자등록을 한 사람만을 영업소득자로 인정한다.
- 사업자등록증 사본 첨부
- 영업소득자의 수입 산정

④ 영업소득자의 수입 산정
- 매출액에서 영업비용을 뺀 금액을 소득으로 인정한다.
- 영업비용에 대한 객관적 소명이 충분하지 않은 경우에는 수입을 증명하는 자료 등을 통해 매출액을 확인하여 그 중 일정 비율(동종 업종에서 통상 인정되는 영업비용의 비율)의 금액을 소득 금액으로 추정하는 방법도 가능하다.
- 소득에 관한 객관적 자료가 없는 경우 임금구조 기본통계 조사보고서 등의 통계자료를 기초로 산정할 수도 있다.
- 영업자는 다양한 유형이 있으므로 각 유형별로 사정에 맞게 수입과 지출을 산정한다.
- 손익계산서, 부가가치세과세표준증명, 소득금액증명, 매출처별세금계산서 합계표·매입처별세금계산서 합계표, 신용카드 매출전표 발행금액 등 집계표 첨부

(2) 지출

- 국민기초생활보장법 제6조의 규정에 따라 공표된 최저생계비, 채무자 및 그 피부양자의 연령, 피부양자의 수, 거주 지역, 물가상황, 그 밖에 필요한 사항을 종합적으로 고려해야 한다.
- 대법원은 원칙적으로 개인회생절차신청 당시의 기준 중위소득의 60% 금액을 생계비로 본다(개인회생사건 처리지침 제7조 제2항).

<2020 생계비>

| 구분 | 1인 가구 | 2인 가구 | 3인 가구 | 4인 가구 | 5인 가구 | 6인 가구 |
|---|---|---|---|---|---|---|
| 기준 중위 소득 | 1,757,194 | 2,991,980 | 3,870,577 | 4,749,174 | 5,627,771 | 6,506,368 |
| 60% (기준 중위 소득) | 1.054.316 | 1.795.188 | 2.322.346 | 2.849.504 | 3.376.663 | 3.903.821 |

① 생계비 인정율의 탄력적 적용
- 신청인의 학력, 직업, 성별, 소득의 정도, 소득의 안정성 여부, 변제율이나 수행가능성, 월 소득에 대한 객관적인 증빙자료 구비 여부 및 혼인 여부 등을 종합적으로 고려하여 보건복지부 기준중위소득의 60%보다 높거나 낮게 적용하여 생계비를 인정할 수도 있다.

② 추가생계비
- 기준중위소득의 60%를 넘는 생계비를 주장하는 경우에는 소명자료를 제출해야 한다.
- 여러 사정을 고려하여 월세나 의료비를 일정 범위 내에서 추가생계비로 인정받을 수도 있다.
- 3개월분 이상의 월세 입금자료 첨부
- 의료비, 진료비, 약제비 증빙서류 첨부

③ 부양가족
- 직계존속(배우자의 직계존속도 포함), 직계비속, 형제자매로 하되, 이들은 원칙적으로 주민등록상 상당기간 동거하면서 생계를 같이 해야 한다.
- 19세 미만, 60세 이상이어야 한다. 장애가 있는 경우 연령 제한이 없다.
- 1인 최저생계비 이상의 수입이 있는 사람은 부양가족에서 제외된다.
- 경제활동이 가능한 연령대의 배우자는 제외된다. 경제활동을 할 수 없는 사유를 충분히 소명하면 인정될 수도 있다.
- 신청인 이외 가족의 소득합계가 신청인 소득의 70~130% 이면 소득 없는 나머지 가족의 절반만 신청인의 부양가족으로 보고, 130%를 넘으면 신청인이 부양하는 가족은 없는 것으로 본다.
- 배우자의 소득은 중요한 확인대상이 된다.
- 주민등록등본 및 가족관계증명서
- 배우자의 소득금액증명, 국민연금보험납부증명, 건강보험자격득실확인서 등 첨부
- 소득 있는 가족의 소득금액증명 첨부

〈법원의 안내문〉

1. 현재의 수입목록

   ○ 급여소득자와 영업소득자를 구분하여 수입상황에 기재합니다. 급여소득자의 경우 급여는, 신청일 현재 매월 받는 금액과 정기상여금·연말성과급 등 매월 받지 않는 금액을 구별하여, "소득세,주민세,건강보험료, 국민연금보험료, 고용보험료, 산업재해보상보험료 중 해당하는 금액(채무자 회생 및 파산에 관한 법률 제579조 제4호 나목 금액)"을 공제한 순수입액을 해당란에 기재하고, 다시 연단위로 환산한 금액과 이를 평균한 월 평균수입(소수점 이하는 올림)을 각 기재합니다. 그리고 근로소득세 원천징수영수증 사본, 급여증명서, 급여확인서, 급여입금통장사본 등 소명자료를 제출하여 주십시오.

   ○ 연금 등의 일정수입이 있는 경우에는 그 내역을 기재하고 연간수령금액을 환산하여 해당란에 기재합니다. 그리고 이를 소명할 수급증명서 등의 자료를 첨부하여 주십시오.

   ○ 영업소득자의 경우, 수입 명목을 부동산임대소득·사업소득·농업소득·임대소득 또는 기타소득으로 구분하여 최근 1년간의 소득을 평균한 연간 소득금액에서 소득세등 위 법률 제579조 제4호 나목 소정 금액과 같은 호 라목 소정의 영업의 경영, 보존 및 계속을 위하여 필요한 비용을 공제한 순소득액을 산출하여 이를 월 평균수입으로 환산(소수점 이하는 올림)하여 기재합니다. 소명자료로는 종합소득세 확정신고서, 사업자 소득금액 증명원, 기타 소득을 확인할 수 있는 자료를 첨부하여 주십시오.

   ○ 최근 1년 동안 직장이나 직업의 변동이 있었던 경우는 변동 이후의 기간 동안의 소득을 평균한 소득금액을 기준으로 산정하고, 변동 후의 기간에 대한 소명자료를 제출하십시오.

○ 수입에 대하여, 압류나 가압류 등 강제집행이 있는 경우에는 그 유무를 해당란에 표시하고, 그러한 압류·가압류의 결정법원, 사건번호, 상대방 채권자, 압류된 금액 등 상세한 내용은 [신청서 첨부서류 4] 진술서의 해당란에 기재하고 관련서류를 첨부하여 주십시오.

2. 변제계획 수행시의 예상 지출목록

○ 채무자가 신고하는 지출예상 생계비가 보건복지부 공표 기준 중위소득의 100분의 60 이하인 경우에는 그 금액대로 인정받을 수 있으므로 해당란에 V표를 하고 그 내역만을 기재합니다.
○ 채무자가 신고하는 지출예상 생계비가 보건복지부 공표 기준 중위소득의 100분의 60을 초과하는 경우에는 해당란에 V표를 하고 뒷면 표에 각 항목별로 나누어 추가로 지출되는 금액과 그 사유를 구체적으로 기재합니다. 이 경우 생계비가 추가 소요되는 근거에 관하여 구체적인 소명자료를 제출하여야 합니다.

3. 가족관계

○ 채무자와 생계를 같이 하는 가족을 기재하고 동거 여부와 채무자의 수입에 의하여 부양되는지 유무를 표시하십시오. 가족 중 수입이 있는 자에 대하여는 급여명세서사본, 종합소득세확정신고서 등을 첨부하여 주십시오.
○ 동거여부 및 동거기간의 소명을 위해 주민등록등본 및 가족관계증명서를 제출하십시오.

4. 기타 : 기재할 사항이 많은 항목은, 그 항목에 "별지 기재와 같음"이라고 적은 후, 별지를 첨부하여 주십시오.

〈채무자의 수입 및 지출에 관한 목록 양식〉

**I. 현재의 수입목록**

(단위 : 원)

| 수입상황 | 자영(상호) | | 고용(직장명) | |
| --- | --- | --- | --- | --- |
| | 업종 | | 직위 | |
| | 종사경력 | 년  개월 | 근무기간 | 년 월부터 현재까지 |
| 명목 | 기간구분 | 금액 | 연간환산금액 | 압류, 가압류 등 유무 |
| | | | | |
| | | | | |
| | | | | |
| | | 연 수입 | 월 평균 수입 ( ) | |

**II. 변제계획 수행시의 예상지출목록** (해당란에 ☑ 표시)

☐ 채무자가 예상하는 생계비가 보건복지부 공표 기준 중위소득의 100분의 60 <u>이하인 경우</u>

　보건복지부 공표 (　)인 가구 기준 중위소득 (　　　)원의 약 (　)%인 (　　)원을 지출할 것으로 예상됩니다.

☐ 채무자가 예상하는 생계비가 보건복지부 공표 기준 중위소득의 100분의 60을 <u>초과하는 경우</u>

　보건복지부 공표 (　)인 가구 기준 중위소득 (　　　)원의 약 (　)%인 (　　)원을 지출할 것으로 예상됩니다(뒷면 표에 내역과 사유를 상세히 기재하십시오).

**III. 가족관계**

| 관계 | 성명 | 연령 | 동거여부 및 기간 | 직업 | 월 수입 | 재산총액 | 부양유무 |
| --- | --- | --- | --- | --- | --- | --- | --- |
| 배우자 | | | | | | | |
| 자 | | | | | | | |
| 자 | | | | | | | |
| | | | | | | | |

☞ 채무자가 예상하는 생계비가 보건복지부 공표 기준 중위소득의 100분의 60을 초과하는 경우

1. 생계비의 지출 내역

| 비 목 | 지출예상 생계비 | 추가지출 사유 |
|---|---|---|
| 생계비 ☞생계비에는 식료품비, 광열수도비, 가구집기비, 피복신발비, 교양오락비, 교통통신비, 기타 비용의 합산액을 기재합니다. | | |
| 주거비 | | |
| 의료비 | | |
| 교육비 | | |
| 계 | | 추가비율 :       % |

2. 생계비 추가지출사유에 관한 보충기재사항

5) 진술서

현재의 직업, 경력, 수입과 생활상황, 부채상황 및 과거 면책절차 등의 이용경험, 개인회생절차에 이르게 된 사정 등을 구제적으로 정확히 기재한다.

※첨부서류

(1) 현재 주거상황
① 신청인 소유 주택 또는 친족 소유주택에 무상 거주하는 경우 : 주택등기부등본
② 사택, 기숙사 또는 임차 주택 : 임대차계약서, 사용허가서 사본
③ 무상 거주(친족소유주택 포함) : 소유자 작성 거주 증명서

(2) 채권자와의 상황
소송·지급명령·압류·가압류결정문 등의 사본

(3) 조세 등 공과금 납부 상황
미납이 있는 경우 납부 고지서 사본

(4) 임금·퇴직금·재해보상금 채무, 임치금·신원보증금 반환채무 소명자료

(5) 과거 면책절차 등 이용 상황
① 신청일 전 10년 내 화의·파산·개인회생사건을 '신청'한 사실 관련서류 (보통 신청서 접수증명원, 결정문 등)
② 신용회복지원위원회(개인워크아웃), 한마음금융(배드뱅크), 개별 금융기관 워크아웃제도를 이용한 경우 그 관련서류

# 진 술 서

## I. 경력

1. 최종학력

　　　　년　월　일　　　　　　　　학교 ( 졸업, 중퇴 )

2. 과거 경력 (최근 경력부터 기재하여 주십시오)

| 기간 | 년　월　일부터 | | 현재까지 (자영, 근무) | |
|---|---|---|---|---|
| 업종 | 직장명 | | 직위 | |
| 기간 | 년　월　일부터 | | 년　월　일까지 (자영, 근무) | |
| 업종 | 직장명 | | 직위 | |
| 기간 | 년　월　일부터 | | 년　월　일까지 (자영, 근무) | |
| 업종 | 직장명 | | 직위 | |
| 기간 | 년　월　일부터 | | 년　월　일까지 (자영, 근무) | |
| 업종 | 직장명 | | 직위 | |

3. 과거 결혼, 이혼 경력

　　　　년　월　일　　　　　와 (결혼, 이혼)
　　　　년　월　일　　　　　와 (결혼, 이혼)
　　　　년　월　일　　　　　와 (결혼, 이혼)

## II. 현재 주거상황

거주를 시작한 시점 (　　년　월　일)

| 거주관계(해당란에 표시) | 상세한 내역 |
|---|---|
| ㉠ 신청인 소유의 주택 | |
| ㉡ 사택 또는 기숙사<br>㉢ 임차(전·월세) 주택 | 임대보증금 (　　　　　원)<br>임대료 (월　　　원), 연체액 (　　　　원)<br>임차인 성명 (　　　　) |
| ㉣ 친족 소유 주택에 무상 거주<br>㉤ 친족외 소유 주택에 무상 거주 | 소유자 성명 (　　　　)<br>신청인과의 관계 (　　　　) |
| ㉥ 기타(　　　　　　) | |

★ ㉠ 또는 ㉣항을 선택한 분은 주택의 등기부등본을 첨부하여 주십시오.
★ ㉡ 또는 ㉢항을 선택한 분은 임대차계약서(전월세 계약서) 또는 사용허가서 사본을 첨부하여 주시기 바랍니다.
★ ㉣ 또는 ㉤항을 선택한 분은 소유자 작성의 거주 증명서를 첨부하여 주십시오.

## III. 부채 상황

1. 채권자로부터 소송·지급명령·전부명령·압류·가압류 등을 받은 경험(있음, 없음)

| 내 역 | 채권자 | 관할법원 | 사건번호 |
|---|---|---|---|
|  |  |  |  |
|  |  |  |  |
|  |  |  |  |

★ 위 내역란에는 소송, 지급명령, 압류 등으로 그 내용을 기재합니다.

★ 위 기재사항에 해당하는 소장·지급명령·전부명령·압류 및 가압류결정의 각 사본을 첨부하여 주십시오.

2. 개인회생절차에 이르게 된 사정(여러 항목 중복 선택 가능)

( ) 생활비 부족          ( ) 병원비 과다지출
( ) 교육비 과다지출       ( ) 음식, 음주, 여행, 도박 또는 취미활동
( ) 점포 운영의 실패      ( ) 타인 채무의 보증
( ) 주식투자 실패         ( ) 사기 피해
( ) 기타 (                                          )

3. 채무자가 많은 채무를 부담하게 된 사정 및 개인회생절차 개시의 신청에 이르게 된 사정에 관하여 구체적으로 기재하여 주십시오(추가기재시에는 별지를 이용하시면 됩니다).

IV. 과거 면책절차 등의 이용 상황

| 절차 | 법원 또는 기관 | 신청시기 | 현재까지 진행상황 |
|---|---|---|---|
| ☐ 파산·면책절차<br>☐ 화의·회생·개인회생절차 | | | |
| ☐ 신용회복위원회 워크아웃<br>☐ 배드뱅크 | | | (　　)회<br>(　　)원 변제 |

★ 과거에 면책절차 등을 이용하였다면 해당란에 ☑ 표시 후 기재합니다.
★ 신청일 전 10년 내에 회생사건·화의사건·파산사건 또는 개인회생사건을 신청한 사실이 있는 때에는 그 관련서류 1통을 제출하여야 합니다.

## 6) 변제계획안 제출서

채무자는 개인회생절차개시 신청일로부터 14일 이내에 변제계획안을 제출하여야 하기 때문에 개인회생절차개시 신청 전에 자신의 부채 및 재산상태, 수입의 정도에 관하여 충분한 준비를 하여야 한다.

채무자는 일단 변제계획안을 제출한 후 변제계획안 인가 전까지 변제계획안을 수정하여 제출할 수 있고, 법원도 이해관계인의 신청에 의하거나 직권으로 채무자에 대하여 변제계획안을 수정할 것을 명할 수 있다. 법원의 수정명령이 있는 때에는 채무자는 법원이 정하는 기한 안에 변제계획안을 수정하여야 한다.

변제계획안 제출서는 신청인이 작성한 채권자목록, 재산목록, 수입 및 지출목록 등을 바탕으로 가용소득, 변제기간 등을 정하여 변제계획안을 작성하고, 이를 기초로 개인회생채권자에 대한 개인회생 변제예정액표를 작성하여 변제계획안을 구체화 한다.

변제계획안은 법원의 인가 여부의 대상이 되는 중요한 문서이므로 작성요령을 잘 읽고 반드시 그 내용에 따라 작성하여야 한다. 변제계획안은 본문 및 별지 '개인회생채권 변제예정액 표'로 구성된다. 본문 및 별지는 기재할 내용이 서로 밀접하게 연관되어 있으므로 본문을 작성하다가 필요한 경우 별지 해당 부분을 작성하는 등으로 함께 병행하여 작성하여야 한다. 변제계획안은 양식은 2가지로 구분할 수 있다.

① 가용소득만으로 변제하는 경우: 가용소득에 의하여 변제기간 동안 변제할 수 있는 총액의 현재 가치가 현재재산 총액보다 명백히 많다고 생각되는 경우 [전산양식 D5110]

② 가용소득과 재산처분으로 변제하는 경우: 가용소득에 의하여 변제기간 동안 변제할 수 있는 총액의 현재 가치가 현재재산 총액보다 적거나 잘 모르겠는 경우 [전산양식 D5111]

변제계획안 본문의 작성 요령에 대해서 살펴보자. 변제계획안 양식을 같이 보며 작성요령을 살펴보는 것이 도움이 된다.

---

**가용소득만으로 변제하는 경우**

### 변제계획안 제출서

사 건  20   개회   개인회생
채 무 자  _____
대 리 인  _____

채무자는 별지와 같이 변제계획안을 작성하여 제출하오니 인가하여 주시기 바랍니다.

20 . .

채무자
대리인 변호사      (인)

○○회생(지방)법원 귀중

```
가용소득과 재산처분으로
변제하는 경우
```

## 변제계획안 제출서

사　건　20　개회　　개인회생
채 무 자　_____
대 리 인　_____

채무자는 별지와 같이 변제계획안을 작성하여 제출하니 인가하여 주시기 바랍니다.

20　．　．　．

채무자
대리인 변호사　　　　　(인)

○○회생(지방)법원 귀중

[ 변제기간 ]

변제는 1개월 1회 변제가 원칙이다. 다만, 농업, 어업 등 매월 수입이 없는 직업에 종사하는 경우에는 수개월에 1회 변제하는 방법으로 변제할 수 있다.

변제기간은 언제부터 언제까지를 변제기간으로 할 것인지를 기재하여야 한다. 변제기간은 채권현재액(원금)의 합계를 월 실제 가용소득으로 나누어 산정한다.

채무자는 변제기간을 변제개시일로부터 원칙적으로 3년(최장 5년)을 초과하지 아니하는 범위 내에서 정할 수 있다. 다만, 채무자는 변제기간을 다음과 같이 정하는 것이 바람직하다.

<변제 계획안 양식-변제 기간>

**1. 변제기간**
　　[　]년 [　]월 [　]일부터 [　　]년 [　]월 [　]일까지 [　]개월간

<변제 기간 작성 요령방법>

① 변제계획안에서 정하는 변제기간 동안 그 가용소득의 전부를 투입하여 우선 원금을 변제하고 잔여금으로 이자를 변제한다.

② 3년 이내의 변제기간 동안 원금과 이자를 전부 변제할 수 있는 때에는 그때까지를 변제기간으로 한다.

③ 위 ②항 이외의 경우에는 변제기간을 3년으로 하되, 만일 청산가치 보장의 원칙 등을 준수하기 위하여 필요한 경우에는 5년의 한도 내에서 3년이 넘는 변제기간을 설정할 수 있다.

④ 채무자가 위 ①내지 ③의 규정에 정한 기간보다 단기간을 변제기간으로 작성하여 제출한 경우에는 법원은 위 각 기간으로 변제기간을 수정하도록 명할 수 있으며, 채무자는 수정명령에 응하여만 한다.

변제를 시작하는 날짜는 원칙적으로 변제계획안 제출일로부터 60일 후 90일 내의 날로 정하면 된다. 변제를 마치는 날짜는 위와 같은 원칙에 따라 정한 변제기간의 마지막 날짜를 기재하고, 이어서 변제기간의 총 개월 수를 기재하면 된다.

예를 들어, 2019. 4. 25.부터 변제를 시작하여 3년 동안 원금 또는 원리금의 전부를 변제할 수 없는 경우에는 변제기간을 3년(36개월)으로 정하여 2022. 3. 25. 변제를 마치는 것으로 하고, 개월 수는 36개월이라고 기재한다.

[ 변제에 제공되는 소득 또는 재산 ]

```
2. 변제에 제공되는 소득 또는 재산
  가. 소득
    (1) 수입
      □ 변제기간 동안 [              ]에서 받는 월 평균 수입 [        ]원
      □ 변제기간 동안 [              ]를 운영하여 얻는 월 평균 수입 [        ]원
    (2) 채무자 및 피부양자의 생활에 필요한 생계비
      (가) 채무자 및 피부양자 : 총 [    ]명
      (나) 국민기초생활보장법에 의한 기준 중위소득의 100분의 60 : 월 [        ]원
      (다) 채무자 회생 및 파산에 관한 법률에 따라 조정된 생계비 : 월 [        ]원
    (3) 채무자의 가용소득
      기간 : [   ]년 [  ]월 [  ]일부터 [   ]년 [  ]월 [  ]일까지
```

| ① 월 평균 수입 | ② 월 평균 생계비 | ③ 월 평균 가용소득 (①-②) | ④ 월 회생위원 보수 | ⑤ 월 실제 가용소득 (③-④) | ⑥ 변제 횟수 (월 단위로 환산) | ⑦ 총 실제 가용소득 (⑤×⑥) |
|---|---|---|---|---|---|---|
|  |  |  |  |  |  |  |

〈가. 소득〉

(1) 수입
개인회생절차 개시신청서에 첨부한 '수입 및 지출에 관한 목록'의 'Ⅰ. 현재의 수입목록'으로부터 월 평균 수입을 옮겨서 기재한다.

(2) 채무자 및 피부양자의 생활에 필요한 생계비
(가)에는 '수입 및 지출에 관한 목록'의 'Ⅲ. 가족관계' 항목에 기초하여, 채무자 및 채무자가 부양하고 있는 사람들의 총수를 기재한다.
(나)에는 신청 당시의 국민기초생활보장법에 의한 기준중위소득을 기재 하는데, 수치는 보건복지부 인터넷 홈페이지(http://www.mohw.go.kr) 등에서 확인할 수 있다.

* 2019년 기준 중위소득 및 그 60% 금액

| 구 분 | 1인가구 | 2인가구 | 3인가구 | 4인가구 | 5인가구 | 6인가구 |
|---|---|---|---|---|---|---|
| 금액(원/월) | 1,707,008 | 2,906,528 | 3,760,032 | 4,613,536 | 5,467,040 | 6,320,544 |
| 60%(원/월) | 1,024,205 | 1,743,917 | 2,256,019 | 2,768,122 | 3,280,224 | 3,792,326 |

* 2020년 기준 중위소득 및 그 60% 금액

| 구 분 | 1인가구 | 2인가구 | 3인가구 | 4인가구 | 5인가구 | 6인가구 |
|---|---|---|---|---|---|---|
| 금액(원/월) | 1,757,194 | 2,991,980 | 3,870,577 | 4,749,174 | 5,627,771 | 6,506,368 |
| 60%(원/월) | 1,054,316 | 1,795,188 | 2,322,346 | 2,849,504 | 3,376,663 | 3,903,821 |

(다)에는 '수입 및 지출에 관한 목록'의 'Ⅱ. 변제계획 수행시의 예상지출목록'으로부터 지출예상 생계비를 옮겨서 기재한다.

(3) 채무자의 가용소득
기간 란에는 위 1.항의 변제기간과 동일한 기간을 기재한다.

① 월 평균 수입란에는 위 가 (1) 기재 수입을, ② 월 평균 생계비란에는 위 (2) (다) 기재 생계비를 각 기재하고, ③ 월 평균 가용소득란에는 ①에서 ②를 뺀 금액을 기재한다.
④ 월 회생위원 보수란에는 법원사무관이 회생위원으로 선임되는 경우 0원으로 기재(또는 공란으로 둠)하고, 법원사무관이 아닌 회생위원이 선임되는 경우 월 평균 가용소득의 1%(소수점 이하는 반올림처리함)에 해당하는 금액을 기재한다.
⑤ 월 실제 가용 소득란에는 ③에서 ④를 뺀 금액을 기재한다.
⑥ 변제 횟수에는 개월 수에 의한 변제기간을 기재하고, ⑦ 실제 가용소득에는 ⑤과 ⑥을 곱한 금액을 기재한다.

〈나. 재산〉

| 나. 재산 : [ 해당 있음 □ / 해당 없음 ☑ ] |

[ 변제계획안 양식 - 재산 해당 사항 ]

실제 가용소득에 의하여 전체 변제기간 동안 변제할 수 있는 총액의 현재가치가 현재 재산 총액보다 명백히 많으면 재산처분이 필요 없을 것이므로, 변제계획안 [전산양식D5110]을 이용하고, 해당 없음에 체크(√)한다.

다음은 재산 처분이 필요한지 여부가 명백하지 않아서 변제계획안 [전산양식 D5111]를 이용하는 경우에만 해당하는 설명이다.

〈변제계획안 [전산양식 D5111]〉

| 가용소득과 재산처분으로 변제하는 경우 |

**변제계획안 제출서**

사 건  20   개회    개인회생
채 무 자 _____
대 리 인 _____

채무자는 별지와 같이 변제계획안을 작성하여 제출하니 인가하여 주시기 바랍니다.

20  .  .  .

채무자
대리인 변호사           (인)

○○회생(지방)법원 귀중

재산 처분이 필요한지에 대한 여부는, 재산 처분이 필요한지를 파악해야 한다.

인가요건상 변제계획의 인가결정일을 기준일로 하여 평가한 개인회생채권에 대한 총변제액이 채무자가 파산하는 때에 채권자들이 배당받을 총액, 즉 청산가치(일반적으로 재산목록의 합계액이 된다.)보다 작지 않아야 변제계획이 인가될 수 있으므로, 실제 가용소득만으로 변제예상한 개인회생채권에 대한 총변제액이 청산가치보다 작을 때에는 재산을 처분하여 일정한 액수를 변제에 투입하여야 한다.

뒤에 첨부된 II.개인회생채권 변제예정액 표 작성요령 중 B 부분을 잘 읽고, 먼저 실제 가용소득과 재산처분으로 변제하는 경우의 개인회생채권 변제예정액 표 중 1.의 가. '가용소득'란을 작성하고, 2.의 가. '가용소득에 의한 변제내역'을 작성하여 먼저 개인회생채권에 대한 총변제예정(유보)액(I)을 계산한다.

이어서 위 개인회생채권 변제예정액 표 중 4.의 '청산가치와의 비교'란에 청산가치를 기재하고, '가용소득에 의한 총변제예정(유보)액'과 그 '현재가치'를 계산하여 기재한 다음, 청산가치가 총변제예정(유보)액의 현재가치보다 큰 경우에는 재산을 처분하여 일정한 액수(변제투입예정액)를 변제에 투입하는 내용으로 변제계획안을 작성하여야 한다.

청산가치가 총변제예정(유보)액의 현재가치보다 작은 경우에는 재산을 처분하여 변제에 투입할 필요가 없다.

위 설명에 따라 재산 처분이 필요하면 해당 있음에 체크(√)하고, 그렇지 않으면 해당 없음에 체크(√)한다.

해당 있음에 체크(√)한 경우에만 다음과 같이 표의 해당사항을 기재한다.

- 변제에 제공할 처분대상 재산의 명세(예를 들어 부동산인 경우 지번, 지목, 면적 등)를 구체적으로 기재한다.
- 재산의 처분에 의한 변제기한을 기재하되, 원칙적으로 '인가일로부터 1년 내'로 하고 1년 내에 처분하기 곤란한 사정이 있으면 '인가일로부터 2년 내'로 한다.
- 변제투입예정액은 위 개인회생채권 변제예정액 표 작성요령에 따라 산정한 금액을 그대로 기재한다.
- 회생위원 보수는 법원사무관이 회생위원으로 선임되는 경우 0원으로 기재(또는 공란으로 둠)하고, 법원사무관이 아닌 회생위원이 선임되는 경우 변제투입예정액의 1%(소수점 이하는 반올림처리함)에 해당하는 금액을 기재한다.
- 실제 변제투입예정액은 변제투입예정액에서 회생위원 보수를 차감한 금액을 기재한다.

[ 개인회생재단채권에 대한 변제 ]

<변제계획안 양식-개인회생재단채권에 대한 변제>

3. 개인회생재단채권에 대한 변제 [ 해당 있음 □ / 해당 없음 □ ]
　가. 회생위원의 보수 및 비용 [ 해당 있음 □ / 해당 없음 □ ]
　　　□ 인가결정 이전 업무에 대한 보수로 변제계획 인가 후 [150,000]원을 지급
　　　□ 인가결정 이후 업무에 대한 보수로 변제계획 인가 후 [채무자가 인가된 변제계획에 따라 입치한 금원의 1%]를 지급
　나. 기타 개인회생재단채권 [ 해당 있음 □ / 해당 없음 □ ]
　　(1) 채권의 내용

| 채권자 | 채권현재액 | 채권발생원인 | 변제기 |
|---|---|---|---|
|  |  |  |  |
|  |  |  |  |

　　(2) 변제방법
　　　변제계획 인가일 직후 원리금 전액을 일반 개인회생채권보다 우선하여 변제한다.

아래 가.항 및 나.항에 대한 설명을 참고하여 개인회생재단채권에 대해 변제할 내용이 있으면 해당 있음에, 그렇지 않으면 해당 없음에 체크(√)한다.

〈가. 회생위원의 보수 및 비용〉
해당 여부에 체크(√)하되, 법원사무관이 회생위원으로 선임되는 경우 원칙적으로 보수 및 비용을 지급하지 아니하므로, 회생위원이 선임되기 전 신청서와 변제계획안을 함께 작성하여 제출할 경우에는 일단 해당 없음에 체크(√)하거나 법원 접수창구에서 문의한 후 체크(√)한다.

〈나. 기타 개인회생재단채권〉
납부기한이 도래하지 아니한, 원천징수하는 조세, 부가가치세·특별소비세·주세 및 교통세, 특별징수의무자가 징수하여 납부하여야 하는 지방세, 위 각 조세의 부과징수의 예에 따라 부과·징수하는 교육세 및 농어촌특별세, 채무자의 근로자의 임금·퇴직금 및 재해보상금, 개인회생절차개시결정 전의 원인으로 생긴 채무자의 근로자의 임치금 및 신원보증금의 반환청구권 등도 개인회생재단채권이다.

〈변제계획안 양식-기타 개인회생재단채권〉

**나. 기타 개인회생재단채권 [ 해당 있음 □ / 해당 없음 □ ]**
**(1) 채권의 내용**

| 채권자 | 채권현재액 | 채권발생원인 | 변제기 |
|---|---|---|---|
|  |  |  |  |
|  |  |  |  |

**(2) 변제방법**
변제계획 인가일 직후 원리금 전액을 일반 개인회생채권보다 우선하여 변제한다.

해당 있음에 체크(√)한 경우에만 다음과 같이 표의 해당사항을 기재한다.

(1) 채권의 내용
- 채권자의 명칭을 기재한다.
- 채권현재액 산정기준일 현재의 금액을 기재한다.
- 채권발생원인은 채권의 발생 당시를 기준으로 채권의 발생원인(예 : 부가가치세, 임금 등), 시기 또는 기간 등을 간략히 기재한다.
- 변제기가 언제인지를 기재한다.

(2) 변제방법
특별한 사정이 없는 경우 변제계획안 양식의 문구를 그대로 사용한다.


[ 일반의 우선권 있는 개인회생채권에 대한 변제 ]

국세징수법 또는 국세징수의 예에 의하여 징수할 수 있는 청구권(국세, 지방세 등 지방자치단체의 징수금, 관세 및 가산금, 건강보험료, 산업재해보상보험료 등) 등은 일반의 우선권 있는 개인회생채권이다. 위와 같은 채권에 대하여 변제할 내용이 있으면 해당 있음에, 그렇지 않으면 해당 없음에 체크(√)한다.

<변제계획안 양식-일반의 우선권 있는 개인회생채권에 대한 변제>

| 4. 일반의 우선권 있는 개인회생채권에 대한 변제 [ 해당 있음 □ / 해당 없음 □ ] |
| --- |
| (1) 채권의 내용 |

| 채권자 | 채권현재액 | 채권발생원인(우선권의 근거) | 변제기 |
| --- | --- | --- | --- |
|  |  |  |  |
|  |  |  |  |

(2) 변제방법
변제계획 인가일 직후 최초 도래하는 변제기일에 원리금 전액을 우선하여 변제한다. 남은 채권이 있을 경우에는 일반 개인회생채권의 매 변제기일에 우선하여 변제한다.

해당 있음에 체크(√)한 경우에만 다음과 같이 표의 해당사항을 기재한다.

〈가. 채권의 내용〉
- 신청서에 첨부한 개인회생채권자목록의 채권자명, 채권현재액을 그대로 기재한다.
- 채권발생원인은 채권의 발생 당시를 기준으로 채권의 발생원인, 시기 또는 기간 등을 간략히 기재하고 우선권의 근거를 기재한다.
- 변제기가 언제인지를 기재한다.

〈나. 변제방법〉
- 특별한 사정이 없는 경우 변제계획안 양식의 문구를 그대로 사용한다.


[ 별제권부 채권 및 이에 준하는 채권의 처리 ]

청서에 첨부한 개인회생채권자목록의 부속서류 1. '별제권부 채권 및 이에 준하는 채권의 내역'에 기재한 채권이 있으면 해당 있음에, 그렇지 않으면 해당 없음에 체크(√)한다.

〈변제계획안 양식-채권의 내용〉

| 채권번호 | 채권자 | ①채권현재액(원금) / ②채권현재액(이자) | ③별제권행사 등으로 변제가 예상되는 채권액 | ④별제권행사 등으로도 변제받을 수 없을 채권액 |
|---|---|---|---|---|
| | | 별제권 등의 내용 및 목적물 | | |
| | | | | |
| | | | | |
| | | | | |
| | | | | |

☞ 개인회생채권자목록 부속서류 1의 내용을 그대로 옮겨 적습니다.

〈가. 채권의 내용〉

① 부터 ④ 까지는 '별제권부 채권 및 이에 준하는 채권의 내역'의 ① 부터 ④ 까지 기재한 것을 옮겨서 기재하되, 신청서 제출 이후에 변제계획안을 제출할 경우에는 변제계획안 제출일 또는 제출 예정일 현재의 금액을 기재한다.

* '별제권 등의 내용 및 목적물'에는, '별제권부 채권 및 이에 준하는 채권의 내역'의 ⑥에 기재한 것을 옮겨서 기재.

〈나. 변제방법〉

특별한 사정이 없는 경우 변제계획안 양식의 문구를 그대로 사용한다.


[ 일반 개인회생채권에 대한 변제 ]

〈가. 가용소득에 의한 변제〉

(1) 월 변제예정(유보)액 및 총 변제예정(유보)액의 산정

- 원칙적으로 개인회생채권의 원금의 액수를 기준으로 안분하여 변제하므로, 첫 [ ] 안에는 [원금]이라고 기재한다. 그 다음 뒤에 첨부된 II. 개인회생채권 변제예정액 표 작성요령을 잘 읽고 개인회생채권 변제예정액 표를 먼저 작성한다.
- 표가 완성되면, 월 변제예정(유보)액란에는 개인회생채권 변제예정액 표 중 2.의 (H)항 금액([전산양식 A5111]의 경우에는 2. 가. 의 (H)항 금액)을 기재한다.
- 총 변제예정(유보)액란에는 개인회생채권 변제예정액 표 중 2.의 (I)항 금액([전산양식 A5111]의 경우에는 2. 가.의 (I)항 금액)을 기재한다.

(2) 변제방법

<변제계획안 양식-일반 개인회생채권 변제방법>

```
(2) 변제방법
   위 (1)항의 변제예정(유보)액은 다음과 같이 분할하여 변제한다.
   (가) 기간 및 횟수
       [    ]년 [   ]월 [   ]일부터 [      ]년 [   ]월 [   ]일까지 [   ]개월간
       합계 [   ]회
   (나) 변제월 및 변제일
       ① [    ]년 [   ]월 [   ]일부터 변제계획인가일 직전 [   ]일까지 기간
          □ 변제계획인가일 직후 최초 도래하는 월의 [   ]일에 위 기간 동안의 변제분을 개
            인회생절차개시후 변제계획 인가 전에 적립된 가용소득으로 일시에 조기 변제
          □ 기타 : [                                                          ]
       ② 변제계획인가일 직후 최초 도래하는 월의 [   ]일부터 [   ]년 [   ]월 [   ]일
          까지 기간
          □ 매월마다 [   ]일에 변제
          □ 매 [   ]개월마다 [   ]일에 각 변제
          □ 기타 : [                              ]
```

- 위 (1)항의 변제예정(유보)액을 분할하여 변제하는 방법을 기재.
- 언제부터 언제까지 몇 개월간 합계 몇 회를 변제하는지를 기재.
- 매월 동일한 변제 일에 변제하는 것을 원칙으로 한다.
- ①항에는 최초 변제일 부터 변제계획인가일 직전 변제 일까지 적립된 금원의 변제방법을 기재한다. 통상의 방법과 다른 방법으로 변제할 경우 기타 란에 해당 내용을 기재한다.
- ②항에는 변제계획인가일 직후 최초 도래하는 변제일 부터 마지막 변제일 까지의 변제방법을 기재한다.
- 통상과 달리 여러 개월마다 한 번씩 변제할 경우 또는 다른 방법으로 변제할 경우 해당란에 그 내용을 기재한다.
- 만약 매월 [ 31 ]일에 변제하기로 하는 경우에는 "30일까지 밖에 없는 달의 경우에는 그 달 말일에 변제한다."는 내용의 단서를, 매월 [ 29 ] 일 또는 [ 30 ]일에 변제하기로 하는 경우에는 "2월의 경우에는 그 달 말일에 변제한다."는 내용의 단서를 기재한다.

〈나. 재산의 처분에 의한 변제〉

| **나. 재산의 처분에 의한 변제 [ 해당 있음 ☐ / 해당 없음 ☑ ]** |

재산의 처분에 의한 변제가 있는 경우에는 해당 있음에 체크(√)하고, 그렇지 않은 경우에는 해당 없음에 체크(√)한다.

해당 있음에 체크(√)한 경우에만 다음과 같이 해당사항을 기재한다.([전산양식 D5111]에만 해당한다).

① 변제투입예정액 및 총 변제예정(유보)액의 산정
- 통상 원칙적으로 개인회생채권의 원금의 액수를 기준으로 안분하여 변제하므로, 첫 [　] 안에는 [원금]이라고 기재한다.
- 총 변제예정(유보)액은 개인회생채권 변제예정액 표 중 2. 나.의 (Q)항 금액을 기재한다.

② 변제방법
(가)항에 재산의 처분에 의한 변제기한을 기재하되, 원칙적으로 '인가일로부터 1년 내'로 하고 1년 내에 처분하기 곤란한 사정이 있으면 '인가일로부터 2년 내'로 한다.

③ 강제집행 등의 효력
특별한 사정이 없는 경우 변제계획안 양식의 문구를 그대로 사용한다.


[ 미확정 개인회생채권에 대한 조치 ]

| **미확정 개인회생채권에 대한 조치 [ 해당 있음 ☐ / 해당 없음 ☐ ]** |

채권의 존재 여부나 채권의 액수에 관하여 다툼이 있어 변제계획안 작성 당시 아직 확정되지 아니한 채권이 있는 경우 해당 있음에, 그러한 채권이 없는 경우 해당 없음에 체크(√)한다.

〈가. 변제금액의 유보〉
특별한 사정이 없는 경우 변제계획안 양식의 문구를 그대로 사용한다.

〈나. 미확정 개인회생채권에 대한 변제〉
특별한 사정이 없는 경우 변제계획안 양식의 문구를 그대로 사용하고, 모든 [  ] 안에는 [원금]이라고 기재한다.


[ 변제금원의 회생위원에 대한 임치 및 지급 ]

"위 [   ]항에 의하여"의 [   ]에는 위 3. 내지 5.항 및 7.항 중 해당 있는 경우에는 해당 번호를 기재하고, 6.항은 항상 기재한다. 예를 들어 5.항 및 6.항이 해당 있는 경우에는 [5, 6]이라고 기재한다.
개인회생위원의 예금계좌는 신청 당시는 공란으로 두었다가 추후 보완한다.


[ 면책의 범위 및 효력발생시기 ]

특별한 사정이 없는 경우 변제계획안 양식의 문구를 그대로 사용한다.


[ 기타사항 ]

해당 여부에 체크(√)하고, 해당 있는 경우 그 내용을 기재한다.

7) 변제예정액 표

## 개인회생채권 변제예정액 표

1. 기초사항

(단위 : 원)

| ③ 월 평균 가용소득 | | ④ 월 회생위원 보수 | |
|---|---|---|---|

| (A) 월 실제 가용소득 (③-④) | | (B)변제횟수 | 회 | (C) 총 실제 가용소득 | |
|---|---|---|---|---|---|

2. 채권자별 변제예정액의 산정내역

(단위 : 원)

| 채권번호 | 채권자 | (D) 개인회생채권액 | | (E) 월 변제예정(유보)액 | | (F) 총 변제예정(유보)액 | |
|---|---|---|---|---|---|---|---|
| | | 확정채권액 (원금) | 미확정채권액 (원금) | 확정채권액 (원금) | 미확정채권액 (원금) | 확정채권액 (원금) | 미확정채권액 (원금) |
| | | | | | | | |
| | | | | | | | |
| | | | | | | | |
| | | | | | | | |
| | | | | | | | |
| 합계 | | | | | | | |
| 총계 | | (G) | | (H) | | (I) | |

3. 변제율 : 원금의 [ ]% 상당액

4. 청산가치와의 비교

(단위 : 원)

| (J) 청산가치 | |
|---|---|

| (K)가용소득에 의한 총변제예정(유보)액 | |
|---|---|
| (L) 현재가치 | |

(1) 가용소득만으로 변제하는 경우의 개인회생채권 변제예정액 표 작성방법

〈 1. 기초사항 〉

변제계획안의 "2. 변제에 제공되는 소득 또는 재산" 항목으로부터 월평균 가용소득 및 변제횟수를 옮겨 적는다.

월 회생위원 보수 관련하여서는 법원사무관이 회생위원으로 선임되는 경우 0원으로 기재(또는 공란으로 둠)하고, 법원사무관이 아닌 회생위원이 선임되는 경우 월평균 가용소득의 1%(소수점 이하는 반올림처리함)에 해당하는 금액을 기재한다. (A) 월 실제 가용소득 관련하여서는 월평균 가용소득에서 월 회생위원 보수를 차감한 금액을 기재하며, (C) 총 실제 가용소득 관련하여서는 (A) 월 실제 가용소득에 (B) 변제횟수를 곱한 금액을 기재한다.

〈 2. 채권자별 변제예정액의 산정내역 〉

"채권번호"와 "채권자"를 채권자목록으로부터 옮겨서 기재한다. "(D)개인회생채권액"란은 확정채권액과 미확정채권액의 두 가지로 나누어 기재하고 총합계액을 (G)란에 기재한다.

여기의 채권액에는 대개는 원금만 기재하면 되겠지만, 변제액이 커서 원금 외에 개시결정일 전날까지의 이자·지연손해금도 변제될 수 있는 경우에는, 개시결정일 전날까지의 이자·손해금의 합계액도 기재한다.

그 다음 [(A)월 실제 가용소득 × 개인회생채권액 중 확정채권 비율{"(D)해당 개인회생채권 중 확정채권액" ÷ "(G)개인회생채권액 총계"}]를 계산하여 각 개인회생채권액 중 확정채권에 대한 월 변제예정액을 구한다.

미확정채권에 대해서도, 마찬가지 방법으로 월 변제유보액을 구한다. 그 결과 값에서 원 미만은 '올림'으로 처리하여, 이를 "(E)월 변제예정(유보)액"란에 기재하고 이를 합산하여 (H)란에 기재한다.

위에서 각 채권별 변제액을 구할 때에 원 미만은 '올림' 처리를 하였으므로, 이 월 변제예정(유보)액은 이미 기재한 "월 실제 가용소득"보다 약간 더 많은 금액이 될 것이다.

(E)월 변제예정(유보)액에 (B)변제횟수를 곱한 (F)총 변제예정(유보)액을 산정하여 기재하고 이를 합산하여 (I)란에 기재한다.

〈 3. 변제율 〉

총변제예정(유보)액을 개인회생채권 합계액으로 나눈 비율 × 100 을 기재하되 소수점 이하는 반올림한다.

〈 4. 청산가치[4]와의 비교 〉

먼저 채무자가 현재 가지고 있는 재산의 가치, 즉 [신청서 첨부서류 2] 재산목록의 합계액을 (J)청산 가치란에 기재하고, 다음으로 가용소득에 의한 (I)총 변제예정(유보)액을 (K)에 옮겨 적는다.

그 결과 (K)가 (J)보다 훨씬 큰 경우에는 (L)현재가치를 산정하여 기재할 필요는 없지만, (K)가 (J)보다 작거나 큰 차이가 나지 않는 경우에는 반드시 (L)현재가치를 산정하여 기재하여야 한다.

---

[4] 개인의 모든 재산을 금전적 가치로 환산 했을때 예상금액(예:부동산, 보험금, 임차금, 자동차)

이 경우 (K)에 대한 (L)현재가치는, 3년(36개월)의 변제계획안의 경우, (H)월변제예정(유보)액에 33.7719을 곱하는 방법으로 산정(원 미만은 버림)하여 기재한다.

원래 (L)현재가치는 인가일을 기준으로 산정하는 것이나, 신청 시에는 인가일을 알 수 없으므로, 일응 3개월간의 적립액이 있은 후(적립일로부터 2개월 후가 되는 날)에 인가가 될 것을 가정하고, 이를 기준으로 라이프니쯔 방식에 의한 현가할인율을 적용하여 (L)현재가치를 산정하면 된다. 따라서 위수치 33.7719는 {3(이미 적립된 것으로 보는 3개월) + 30.7719(33개월에 해당하는 라이프니쯔 복리연금현가율)}을 의미하는 것이다.

(2) 가용소득과 재산처분으로 변제하는 경우 개인회생채권 변제예정액 표 작성방법

〈 1. 기초사항 〉

변제계획안의 "2. 변제에 제공되는 소득 또는 재산" 항목으로부터 월평균 가용소득 및 변제횟수를 옮겨 적는다.

월 회생위원 보수 관련하여서는 법원사무관이 회생위원으로 선임되는 경우 0원으로 기재(또는 공란으로 둠)하고, 법원사무관이 아닌 회생위원이 선임되는 경우 월평균 가용소득의 1%(소수점 이하는 반올림처리함)에 해당하는 금액을 기재한다.

(A) 월 실제 가용소득 관련하여서는 월평균 가용소득에서 월 회생위원 보수를 차감한 금액을 기재하며, (C) 총 실제 가용소득 관련하여서는 (A) 월 실제 가용소득에 (B) 변제횟수를 곱한 금액을 기재한다.

〈 2. 채권자별 변제예정액의 산정내역 〉

① 가용소득에 의한 변제내역

"채권번호"와 "채권자"를 채권자목록으로부터 옮겨서 기재한다. "(D)개인회생채권액" 란은 확정채권액과 미확정채권액의 두 가지로 나누어 기재하고 총합계액을 (G)란에 기재한다. 여기의 채권액에는 대개는 원금만 기재하면 되겠지만, 변제액이 커서 원금 외에 개시결정일 전날까지의 이자·지연손해금도 변제될 수 있는 경우에는, 개시결정일 전날까지의 이자·손해금의 합계액도 기재한다.

그 다음 [(A) 월 실제 가용소득 × 개인회생채권액 중 확정채권 비율{"(D)해당 개인회생채권 중 확정채권액" ÷ "(G)개인회생채권액 총계"}]를 계산하여 각 개인회생채권액 중 확정채권에 대한 월변제예정액을 구한다. 미확정채권에 대해서도, 마찬가지 방법으로 월변제유보액을 구한다.

그 결과 값에서 원 미만은 '올림'으로 처리하여, 이를 "(E)월변제예정(유보)액"란에 기재하고 이를 합산하여 (H)란에 기재한다. 위에서 각 채권별 변제액을 구할 때에 원 미만은 '올림' 처리를 하였으므로, 이 월변제예정(유보)액은 이미 기재한 "월 실제 가용소득"보다 약간 더 많은 금액이 될 것이다.

(E)월변제예정(유보)액에 (B)변제횟수를 곱한 (F)총변제예정(유보)액을 산정하여 기재하고 이를 합산하여 (I)란에 기재한다.

② 재산처분을 통한 변제의 예상

원래 재산처분을 통한 (O) 실제 변제투입예정액(변제투입예정액에서 회생위원 보수를 차감한 금액)은 다음 4항의 청산가치와의 비교를 통하여 비로소 정해지는 것이다.

따라서 먼저 다음 4항에 따라 (O) 실제 변제투입예정액을 산정한 후, 이를 기준으로 (O)에 대하여 개인회생채권 비율{"(D)당해 개인회생채권액" ÷ "(G)개인회생채권액 총계"}에 따른 안분액을 계산한다.

그 결과 값에서 원 미만은 '올림'으로 처리하여 이를 (P)총변제예정(유보)액 란에 기재하고 이를 합산하여 (Q)란에 적는다. 위에서 각 채권별 변제액을 구할 때에 원 미만은 '올림' 처리를 하였으므로, 이 총변제예정(유보)액은 이미 기재한 변제투입예정액보다 약간 더 많은 금액이 될 것이다.

〈 3. 변제율 〉

① 가용소득에 의한 변제
가용소득에 의한 총변제예정(유보)액을 개인회생채권 합계액으로 나눈 비율 × 100 을 기재하되 소수점 이하는 반올림한다.
② 재산처분에 의한 변제
재산처분에 의한 총변제예정(유보)액을 개인회생채권 합계액으로 나눈 비율 × 100 을 기재하되 소수점 이하는 반올림한다.

〈 4. 청산가치와의 비교 〉

먼저 채무자가 현재 가지고 있는 재산의 가치, 즉 [신청서 첨부서류 2] 재산목록의 합계액을 (J)청산가치란에 기재하고, 다음으로 가용소득에 의한 (I)총변제예정(유보)액을 (K)에 옮겨 적는다. 그 다음 (K)에 대한 (L)현재가치는, 3년(36개월)의 변제계획안의 경우, (H)월변제예정(유보)액에 33.7719를 곱하는 방법으로 산정(원 미만은 버린다)하여 기재한다.

원래 (L)현재가치는 인가일을 기준으로 라이프니쯔 방식에 의한 현가할인율을 적용하여 산정하는 것이나, 신청시에는 인가일을 알 수 없으므로, 일응 3개월간의 적립액이 있은 후(적립일로부터 2개월 후가 되는 날)에 인가가

될 것을 가정하고, 이를 기준으로 라이프니쯔 방식에 의한 현가할인율을 적용하여 (L)현재가치를 산정하면 된다. 위 설명에서의 수치 33.7719는 { 3 (이미 적립된 것으로 보는 3개월) + 30.7719을(33개월에 해당하는 라이프니쯔 복리연금현가율) }을 의미한다.

마지막으로, (J)청산가치에서 (L)현재가치를 공제한 잔액에, 개괄적으로 ①재산처분에 의한 변제기한이 인가일로부터 1년 이내인 경우에는 1.3을, ②그 변제기한이 2년 이내인 경우에는 1.5를, 각 곱하여 산출한 금액(원 미만은 '올림'으로 처리)을 법원사무관이 회생위원으로 선임되는 경우 (O) 실제 변제투입예정액으로 보아 (O)란에 기재하고, 법원사무관이 아닌 회생위원이 선임되는 경우에는 변제투입예정액에서 1%(소수점 이하는 반올림처리함)에 해당하는 금액을 차감한 금액을 (O) 실제 변제투입예정액으로 보아 (O)란에 기재하고, 이어서 위 2.의 나항에서 설명한 바대로 (O)를 기준으로 (P),(Q)를 산정한 다음, (M)에는 (Q)를 그대로 옮겨 적으면 된다. 이 경우 (N)은 기재하지 않아도 무방하다.

물론 정확한 (N)의 액수 산정을 위해서는, 먼저 청산가치의 보장을 위해 항상 {(L)+(N)}이 (J)보다 많아야 하는 것이므로, (J)에서 (L)을 뺀 잔액을, 인가일로부터 재산처분에 의한 변제기한까지의 기간에 따라 라이프니쯔 방식에 의한 현가할인율(변제기한이 1년 이내인 경우에는 0.9523, 그 기한이 2년 이내인 경우에는 0.9070)로 나누어 산출한 금액을 (O)실제 변제투입예정액으로 하고 이를 기준으로 다시 현가할인율을 적용하여 (N)을 계산하여야 할 것이다. 그러나 이 같은 계산법은 복잡할 뿐만 아니라 그렇게 계산하여 산출한 금액만을 정확하게 변제투입예정액으로 정하면, 절차의 신속을 위해 간이하게 이뤄진 재산의 가액평가방법에 대해 정식 감정절차가 필요하게 되는 등으로 추가비용과 절차지연이 초래될 가능성이 있는 점 등을 고려하여, 위에서 예시한 방법에서는 개괄적이기는 하지만 그 금액을 다소 증액하는 대신 간이하게 변제투입예정액을 산출할 수 있도록 설명한 것이다.

## (3) 변제예정액 표 작성 예시

201    개회    호 채무자

# 개인회생채권 변제예정액 표

## 1. 기초사항

| ⓐ 월평균 가용소득 | 500,000 | | ⓑ 회생위원 보수 | 6,000 |
|---|---|---|---|---|

(단위 : 원)

| (A) 월 실제 가용소득 (ⓐ-ⓑ) | 495,000 | | (B) 변제횟수 | 60회 | | (C) 총 실제 가용소득 | 29,700,000 |
|---|---|---|---|---|---|---|---|

## 2. 채권자별 변제예정액의 산정내역

(단위 : 원)

| 채권 번호 | 채권자 | (D) 개인회생채권액 | | (E) 월 변제예정(유보)액 | | (F) 총 변제예정(유보)액 | |
|---|---|---|---|---|---|---|---|
| | | 확정채권액 (원금) | 미확정채권액 (원금) | 확정채권액 (원금) | 미확정채권액 (원금) | 확정채권액 (원금) | 미확정채권액 (원금) |
| 1 | A은행주 | 14,988,200 | | 119,887 | | 7,151,220 | |
| 2 | B상호 저축은행 | 20,000,000 | | 159,706 | | 9,582,480 | |
| 3 | ㈜J크레디트 | 27,000,000 | | 216,608 | | 12,966,360 | |
| | 합 계 | 61,988,200 | | 496,001 | | 29,700,060 | |
| | 총 계 | (G) 61,988,200 | | (H) 496,001 | | (I) 29,700,060 | |

## 3. 변제율 : 원금의 ( 48 )% 상당액

## 4. 청산가치와의 비교

(단위:원)

| (J) 청산가치 | 18,250,000 | (K) 가용소득에의한 총변제예정(유보)액 | 29,700,060 |
|---|---|---|---|
| | | (L) 현재가치 | 26,553,452 |

○ 총 변제예정(유보)액의 현재가치 산정근거

| 1 | 적립기간(월) | 3 | 1,485,000 |
|---|---|---|---|
| 2 | 변제투입기간(월) | 57 | 25,068,452 |
| | 합 계 | | 26,553,452 |

# III. 개인회생 절차 Q&A

## 1. 개인회생은 어떤 사람들이 신청할 수 있나요?

(1) 계속적 수입 가능성이 있어야 합니다.

개인회생제도는 아르바이트, 파트타임 종사자, 비정규직, 일용직 등 그 고용형태와 영업소득신고의 유무에 불구하고 장래 계속적 또는 반복하여 수입을 얻을 가능성이 있어, 이를 변제의 재원으로 삼아 변제계획을 수행해 나가는 제도입니다.

따라서 급여소득자의 경우 근로소득원천징수영수증, 급여명세서 등, 영업소득자의 경우 종합소득세 확정신고서, 소득금액증명원 등으로 계속적 수입이 있음을 입증해야 합니다. 다만 입증이 어려운 신청인들을 위해 법원은 급여확인서, 소득확인서 등의 양식으로 위 입증을 대신하게 할 수 있도록 하였습니다.

(2) 지급불능 또는 그러한 염려가 있어야 합니다.

개인회생제도는 변제능력이 부족하여 변제기가 도래한 채무를 일반적·계속적으로 변제할 수 없는 객관적인 상태 즉, 지급불능이거나 그러한 염려가 있는 경우 신청할 수 있습니다. 일반적으로 현재의 재산 합계액이 채무의 총액을 초과한다면 지급불능으로 보기는 어렵다고 할 수 있습니다.

(3) 부채액의 한도가 있습니다.

총 채무액중 담보부 채무액이 10억원을 초과하거나, 무담보 채무액이 5억원을 초과할 경우 개인회생 신청이 불가능합니다. 위 금액은 이자, 지연 손해금 등으로 인해 시간에 따라 달라질 수 있는데, 기준이 되는 시점은 개인회생절차 개시결정일입니다.

(4) 낭비자의 신청도 가능합니다.

개인파산 및 면책제도에서는 '낭비 또는 도박 기타 사행행위를 하여 현저히 재산을 감소시키거나 과대한 채무를 부담하는 행위'를 면책불허가사유로 규정하여 면책받지 못할 가능성이 있으나, 개인회생제도는 채무발생의 원인을 면책불허가사유로 규정한 바 없으므로 채무발생에 신청인의 귀책사유가 있다고 하더라도 신청할 수 있습니다.

(5) 과거 5년 이내에 면책 받은 사실이 없어야 합니다.

통합도산법은 채무자가 신청일 전 5년 이내에 면책(파산절차에 의한 면책을 포함)을 받은 사실이 있는 때에는 개인회생절차 개시신청을 기각할 수 있도록 규정하고 있어, 이러한 사실이 있는 경우 개인회생 신청이 어렵습니다.

(6) 급여에 전부명령이 되어 확정된 경우에도 이를 실효시켜 개인회생을 신청할 수 있습니다.

전부명령이란 채권 강제집행의 한 방법으로 전부명령이 확정되면 압류된 채권은 전부채권자에게 확정적으로 양도된 것과 같은 효력이 발생합니다. 구 개인채무자회생법은 신청인의 급여에 대한 전부명령이 확정된 경우 변제계획 인가결정이 된다 하더라도 이미 확정된 전부명령을 실효시킬 수 없었으나, 통합도산법은 급여에의 전부명령의 효력을 제한하여 변제계획 인가결정 이후 제공한 노무부분에 대한 전부명령의 효력은 상실되고, 변제계획 인가결정으로 인하여 전부채권자가 변제받지 못하게 되는 채권액은 개인회생채권으로 한다고 규정하였습니다. 따라서 구법하에서는 급여에 유효한 전부명령이 된 경우 사실상 개인회생을 신청하는 것은 불가능하였으나, 현행 통합도산법 하에서는 개인회생을 신청하여 전부명령을 실효시켜 개인회생절차를 진행할 수 있게 되었습니다.

## 2. 개인회생을 신청하면 어떤 불이익이 있나요?

개인파산의 경우 공무원, 변호사, 공증인, 교사, 부동산중개업자 등이 될 수 없거나, 그 직을 계속 수행할 수 없는 등의 공사법상의 제한과, 파산선고사실 또는 면책불허가 사실이 신원증명사항의 하나로서 각종 금융거래와 취직 등 일상생활의 면에서 여러 가지 사회적 평가상의 불이익을 받을 수 있으나, 개인회생에서는 파산과 같이 법률상 불이익을 규정한 바 없습니다. 따라서 개인회생을 신청하였다고 하여 법률상 특별한 불이익을 받게 되는 것은 아닙니다.

오히려 변제계획안이 인가되면 그 사실이 은행연합회에 통보되어, 은행연합회는 채무자에 대한 연체정보 등록(기존의 신용불량자제도는 2005. 4. 28.부터 폐지되고 연체정보로 관리하고 있음)을 해제하게 됩니다.

다만 은행연합회는 연체정보 등록을 해제하는 대신에 특수기록정보로 관리하게 되므로 개별 금융기관과의 거래에서 신용상의 불이익을 받을 가능성은 있습니다.

## 3. 개인회생을 신청하면 빚을 얼마나 언제까지 갚아야 하나요?

채무자는 자신의 월평균 수입에서 제세공과금 즉, 주민세·소득세, 건강보험료, 국민연금보험료, 고용보험료 등을 공제한 순 수입액에서 다시 생계비(일반적으로 보건복지부장관이 매년 공표한 최저생계비의 1.5배) 상당액을 공제한 금액(이를 가용소득이라고 함)을 매월 변제해야 합니다.

다만, 채무자의 소득유형에 따라 변제할 주기를 달리 정할 수 있습니다. 또한 채무자는 위 가용소득으로 5년 이내의 기간 동안 원금의 전부를 변제할 수 없는 때에는 원칙적으로 5년을 변제기간으로 하여 변제할 수 있습니다.

다만, 다음의 경우에는 변제기간이 5년보다 짧아질 수 있습니다.
① 채무자가 3년 이내의 변제기간 동안 원금과 이자를 전부 변제할 수 있는 때에는 그 때까지를 변제기간으로 합니다.
② 채무자가 3년 이내의 변제기간 동안 원금의 전부를 변제할 수 있으나 이자의 전부를 변제할 수 없는 때에는 변제기간을 3년으로 합니다.
③ 채무자가 3년 이상 5년 이내의 변제기간 동안 원금의 전부를 변제할 수 있는 때에는 이자의 변제 여부에 불구하고 원금의 전부를 변제할 수 있는 때까지를 변제기간으로 합니다.

한편, 위와 같은 변제기간 동안 가용소득으로 변제하는 경우에도 최소한 다음의 금액 이상은 변제해야 합니다.
① 변제계획 인가결정일을 기준일로 한 개인회생채권 총 금액이 5000만원 미만인 경우에는 그 총 금액의 5%
② 개인회생채권 총 금액이 5000만 원 이상인 경우에는 그 총 금액의 3%에서 100만원을 더한 금액
③ 다만 총변제예정액(가용소득×변제월수)이 3000만 원 이상인 경우에는 위와 같은 제한은 없습니다.


## 4. 개인회생은 어느 법원에 신청하나요?

개인회생사건은 원칙적으로 채무자의 주소지를 관할하는 '지방법원 본원'에 제출해야 합니다. 예를 들면, 부천시에 거주하는 채무자라면 인천지방법원 부천지원에 신청서를 제출해서는 안 되고 인천지방법원에 제출하여야 합니다.

## 개인회생업무의 관할법원

| 법 원 | 관 할 구 역 | 비 고 |
|---|---|---|
| 서울중앙지방법원 | 서울특별시 전역 | |
| 의정부지방법원 | 의정부시, 동두천시, 구리시, 남양주시, 양주군, 연천군, 포천군, 가평군, 강원도 철원군, 고양시, 파주시 | |
| 인천지방법원 | 인천광역시, 부천시, 김포시 | |
| 수원지방법원 | 수원시, 안양시, 과천시, 오산시, 의왕시, 군포시, 용인시, 화성시, 성남시, 하남시, 광주시, 이천시, 여주군, 양평군, 평택시, 안성시, 안산시, 광명시, 시흥시 | |
| 춘천지방법원 | 춘천시, 화천군, 양구군, 인제군, 홍천군, 강릉시, 동해시, 삼척시, 원주시, 횡성군, 속초시, 양양군, 고성군, 태백시, 영월군, 정선군, 평창군 | |
| 대전지방법원 | 대전광역시, 연기군, 금산군, 보령시, 홍성군, 예산군, 서천군, 공주시, 청양군, 논산시, 부여군, 계룡시, 서상시, 태안군, 당진군, 천안시, 아산시 | ▶서울은 서울중앙지방법원 **파산과** 관할 ▶기타 지역은 각 지방법원 **민사신청과** 관할 |
| 청주지방법원 | 청주시, 청원군, 진천군, 보은군, 괴산군, 증평군, 충주시, 음성군, 제천시, 단양군, 영동군, 옥천군 | |
| 대구지방법원 | 대구광역시, 영천시, 경산시, 칠곡군, 성주군, 고령군, 청도군,<br>안동시, 영주시, 봉화군, 경주시, 포항시, 울릉군, 김천시, 구미시, 상주시, 문경시, 예천군, 의성군, 군위군, 청송군, 영덕군, 영양군, 울진군 | |
| 부산지방법원 | 부산광역시 | |
| 창원지방법원 | 창원시, 마산시, 진해시, 김해시, 함안군, 의령군, 진주시, 사천시, 남해군, 하동군, 산청군, 통영시, 거제시, 고성군, 밀양시, 창녕군, 거창군, 함양군, 합천군 | |
| 울산지방법원 | 울산광역시, 양산시 | |
| 광주지방법원 | 광주광역시, 나주시, 화순군, 장성군, 담양군, 곡성군, 영광군, 목포시, 무안군, 신안군, 함평군, 영암군, 장흥군, 강진군, 순천시, 여수시, 광양시, 구례군, 고흥군, 보성군, 해남군, 완도군, 진도군 | |
| 전주지방법원 | 전주시, 김제시, 완주군, 임실군, 진안군, 무주군, 군산시, 익산시, 정읍시, 부안군, 고창군, 남원시, 장수군, 순창군 | |
| 제주지방법원 | 제주시, 서귀포시, 남제주군, 북제주군 | |

다만, 서울은 그 주소지 관할법원이 서울동부지방법원·서울서부지방법원·서울남부지방법원·서울북부지방법원이라 하더라도 서울중앙지방법원에 신청서를 제출하여야 합니다. 개인회생절차의 관할은 전속관할이기 때문에 임의로 법원을 선택해 신청서를 제출할 수 없지만, 다음과 같은 예외가 있습니다.

두 사람의 채무가 서로 밀접하게 관련되어 있는 주채무자와 보증인 사이, 채무자 및 그와 함께 동일한 채무를 부담하는 사람 사이, 부부 사이인 경우에는 한 사람에 대한 파산사건 또는 개인회생사건을 처리하고 있는 '지방법원 본원'에 다른 사람도 개인회생절차를 신청할 수 있습니다.

## 5. 개인회생절차와 파산절차는 어떤 차이가 있나요?

파산절차는 채무자에게 파산선고를 하고 그 선고시점에 채무자가 보유하고 있는 모든 재산을 환가하여 채권자에게 변제하는 제도입니다. 다만, 채무자의 재산이 파산절차의 진행비용(파산관재인의 보수, 신문공고비 등)을 충당하기에도 부족한 경우에는 파산선고와 동시에 파산절차를 폐지하고 절차를 종결합니다. 파산절차의 종결 후 채무자는 면책절차를 신청하여 채무의 면책을 받을 수 있습니다(2004년 전국법원의 면책허가율 95.8%). 면책결정을 받으면 채무자는 더 이상 자기의 소득으로 채무를 변제할 필요가 없습니다(즉, 채무자의 소득은 채무자의 재산으로 됩니다).

파산선고를 받으면 상당한 사회적·법적 불이익을 당하게 됩니다. 공무원의 경우에는 당연 퇴직하게 되고 변호사 등은 등록이 취소되며 상당수의 기업에서는 파산선고를 받는 것을 당연 면직사유로 정하고 있습니다. 그러나 위 면책결정을 받으면 위와 같은 자격이 당연히 회복됩니다.(다만, 퇴직한 직장에 당연히 복직되는 것은 아닙니다)

개인회생절차에서는 위와 같은 파산선고로 인한 불이익은 없으나 개인회생절차 개시결정 이후 장래의 소득까지도 채무변제에 사용하여야 하는 점에서 차이가 있습니다. 채권자의 입장에서는 채무자가 개인회생절차를 이용하는 것이 파산절차를 이용하는 것보다 유리합니다.

## 6. 개인회생절차와 개인워크아웃은 어떤 차이가 있나요?

개인워크아웃제도는 신용회복위원회에서 실시하는 임의적인 제도입니다. 개인워크아웃은 신용회복지원협약에 가입한 채권금융기관들에 대한 채무만 조정할 수 있고, 위 채권금융기관들 이외의 채권자에 대한 채무는 조정할 수 없습니다. 채무액의 한도도 개인워크아웃의 경우에는 5억 원임에 반하여 개인회생절차는 담보채무는 최대 10억 원, 무담보 채무는 최대 5억 원인 점에서 차이가 있습니다. 개인워크아웃은 채무 원금의 면제에 제한을 두고 있으나, 개인회생절차에서는 원칙적으로 5년의 변제기간 동안 가용소득을 변제에 투입하면 원금을 모두 변제하지 못한 경우에도 나머지 원금의 면제가 가능합니다.

## 7. 개인회생절차의 신청권자는 누가 되나요?

채무가 있다고 해서 모든 채무자가 개인회생절차를 이용할 수 있는 것은 아닙니다. 채무의 발생 원인에는 제한이 없으나, 파산원인 즉, 지급불능의 상태에 빠져 있거나 지급불능이 생길 염려가 있는 개인채무자만이 신청할 수 있습니다. 또한 채권자는 신청할 수 없습니다. 외국인이라도 신청이 가능합니다. 개인회생절차는 개인만이 이용할 수 있는 제도이기 때문에 조합이나 주식회사, 사단법인, 재단법인 등 법인은 이용할 자격이 없습니다.

**8. 개인채무자라면 누구나 신청할 수 있나요? 아르바이트 종사자도 신청할 수 있나요?**

'급여소득자' 또는 '영업소득자'인 개인채무자만 신청할 수 있습니다. 즉, 개인채무자 중에서 장래 계속적으로 또는 반복하여 수입을 얻을 가능성이 있는 요건을 갖춘 '급여소득자' 또는 '영업소득자'만이 신청할 수 있습니다. 이러한 요건은 개인회생절차 신청 당시부터 변제계획안이 인가될 때까지 계속하여 갖추고 있어야 합니다.

'급여소득자'라 함은 급여·연금 그밖에 이와 유사한 정기적이고 확실한 수입을 얻을 가능성이 있는 개인을 말합니다. 여기에는 그 고용형태와 소득신고의 유무에 불구하고 정기적이고 확실한 수입을 얻을 가능성이 있는 모든 개인이 포함됩니다. 아르바이트, 파트타임 종사자, 비정규직, 일용직 등의 경우에도 위와 같은 가능성을 갖춘 사람은 신청자격이 있습니다. '영업소득자'라 함은 부동산임대소득·사업소득·농업소득·임업소득 그밖에 이와 유사한 수입을 장래에 계속적으로 또는 반복하여 얻을 가능성이 있는 개인을 말합니다. 여기에는 소득신고를 신고한 사람뿐만 아니라 소득미신고자도 포함됩니다.

**9. 부채액의 한도는 얼마인가요?**

개인회생절차는 대규모 사업을 영위하는 사업자를 대상으로 하는 것이 아니라 소규모 영업소득자나 급여소득자인 개인채무자를 대상으로 하여 갱생을 도모하는 절차입니다. 따라서 부채액에 한도가 있는데, 다음과 같이 두 가지 경우로 나누어 볼 수 있습니다.
첫째, 유치권·질권·저당권·양도담보권·가등기담보권·전세권 또는 우선특권으로 담보된 개인회생채권(담보부채권)은 10억원까지입니다.

둘째, 위와 같은 담보가 설정되지 않은 일반 개인회생채권(무담보채권)은 5억 원까지입니다.

담보부채무와 무담보채무는 별개로 산정하므로, 가령 담보부채무 8억원, 무담보채무 4억원 합계 12억원이 있는 채무자 A는 개인회생절차를 신청할 수 있지만, 담보부채무는 없고 무담보채무 6억원이 있는 채무자 B는 신청할 수 없습니다.

## 10. 다른 채무조정절차를 이용 중인 사람도 개인회생절차를 신청할 수 있는가요?

개인회생절차는 신용회복위원회의 지원제도를 이용 중인 채무자, 배드뱅크 제도에 의한 지원절차를 이용 중인 채무자도 신청할 수 있고, 파산절차가 진행 중인 사람도 신청할 수 있습니다. 그러나 파산선고를 받은 후 면책결정을 받은 적이 있는 사람은 5년 동안 개인회생절차를 신청할 수 없습니다.

## 11. 개인회생절차를 신청하면 연체정보등록에서는 언제 해제되나요?

개인회생절차에서 변제계획안에 대한 인가결정을 받으면 연체정보등록에서 해제됩니다.(법원이 인가결정을 전국은행연합회에 통지하면 전국은행연합회에서 연체정보등록을 해제해주도록 되어 있습니다)

개인회생절차의 개시신청으로부터 변제계획안의 인가결정시까지는 6개월 정도가 소요될 것으로 예상되므로 통상은 개시신청 후 약 6개월이면 연체정보등록에서 해제될 수 있습니다.

## 12. 비용을 납부하지 아니하면 어떤 불이익을 받게 되나요?

정해진 비용을 납부하지 않으면 법원은 개인회생절차개시신청을 기각할 수 있습니다. 또한 변제계획 인가 전에 납부되어야 할 비용·수수료 그 밖의 금액이 납부되어야만 변제계획을 인가받을 수 있으므로 변제계획 인가 전에 이를 납부하지 않은 경우에는 개인회생절차가 폐지됩니다.


## 13. 가용소득이란 무엇인가요?

가용소득이란 채무자가 수령하는 소득의 총액에서 소득세·주민세·건강보험료 그 밖에 이에 준하는 금액과 채무자 및 그 피부양자의 생활에 필요한 생계비를 공제한 나머지 처분 가능한 소득을 말합니다. 다만 가용소득은 장래에도 계속적, 정기적으로 발생할 가능성이 있는 수입이어야만 합니다. 채무자의 소득은 다음의 방법으로 산정하되 특별한 사정이 있는 경우에는 증감할 수 있습니다.
① 최근 1년간 직장의 변동이 없는 경우, 1년간의 실제 소득액을 평균한 월평균 소득을 기초로 하여 산정하고, 직장의 변동이 있는 경우는 직장 변동 이후의 실제 소득액을 평균한 월평균 소득을 기초로 하여 산정합니다.
② 영업소득자가 그 소득에 관한 소명자료가 없는 경우에는 임금구조기본통계조사보고서 등의 통계소득을 기초로 하여 산정할 수 있습니다.

생계비는 채무자 및 피부양자의 인간다운 생활을 유지하기 위하여 필요한 금액으로서 국민기초생활보장법 제6조의 규정에 따라 공표된 최저생계비, 채무자 및 피부양자의 연령, 피부양자의 수, 거주지역, 물가상황 등을 종합적으로 고려하여 산정됩니다. 원칙적으로는 국민기초생활 보장법 제6조의 규정에 따라 공표된 2020년 최저생계비에 1.5배를 곱한 금액으로 정하되, 특별한 사정이 있는 경우에는 증감될 수 있습니다.

## 14. 변제계획안은 무엇이고 어떤 내용이 포함되어야 하는가요?

변제계획안이란, 채무자가 가용소득을 투입하여 얼마동안 어떤 방법으로 채권자들에게 조정된 채무금액을 변제하여 나가겠다는 내용으로 계획을 세운 것을 말합니다. 다만, 가용소득의 현재가치가 현재 보유하고 있는 재산을 처분할 경우의 청산가치보다 적을 때에는 채무자는 현재 보유하고 있는 재산의 전부 또는 일부도 투입하여야 합니다. 채무자는 변제계획안이 인가되면 인가된 변제계획안에 따라 채무를 변제하여 나가게 되므로 변제계획안은 개인회생절차에서 아주 중요한 서류입니다. 채무자는 개인회생절차개시신청을 한 날로부터 14일 이내에 변제계획안을 제출하여야 합니다. 다만, 변제계획안을 미리 작성하여 개인회생절차의 개시신청과 동시에 제출하면 절차의 처리를 신속하게 할 수 있으므로, 개시신청과 동시에 변제계획안을 제출하는 것이 바람직합니다.

채무자가 개인회생절차개시신청과 동시에 변제계획안을 제출하지 않은 경우에는 회생위원은 그 채무자에게 변제계획안 양식을 교부하고 기본적인 작성 요령을 안내하는 방법으로 채무자가 스스로 변제계획안을 작성할 수 있도록 하게 됩니다. 이 경우에도 개시신청일로부터 14일 이내에 변제계획안을 작성하여 제출하여야 하므로, 채무자는 개시신청 전에 자신의 부채 및 재산상태, 수입의 정도에 관하여 충분한 조사를 하여둘 필요가 있습니다. 채무자는 회생위원과의 면담을 통하여 변제계획안의 잘못된 부분과 누락된 부분을 수정하는 등으로 최종적인 변제계획안을 작성한 후 그 원본과 채권자수에 1통을 더한 부본을 회생위원이 지정한 날까지 법원에 제출하여야 합니다. 채무자는 일단 변제계획안을 제출한 후 변제계획안 인가 전까지 변제계획안을 수정하여 제출할 수 있고, 법원도 이해관계인의 신청에 의하거나 직권으로 채무자에 대하여 변제계획안을 수정할 것을 명할 수 있습니다. 법원의 수정명령이 있는 때에는 채무자는 법원이 정하는 기한 안에 변제계획안을 수정하여야 합니다.

변제계획안의 내용에는 그 내용을 반드시 기재하여야 하는 필수적 기재사항과 반드시 기재할 필요는 없고 원하는 경우에 기재할 수 있는 임의적 기재사항이 있습니다.
- 필수적 기재사항: 변제에 제공되는 재산 및 소득에 관한 사항, 개인회생재단채권 및 일반의 우선권 있는 개인회생채권의 전액의 변제에 관한 사항, 개인회생채권자목록에 기재된 개인회생채권의 전부 또는 일부의 변제에 관한 사항
- 임의적 기재사항: 개인회생채권의 조의 분류, 변제계획에서 예상한 액을 넘는 재산의 용도, 변제계획인가 후의 개인회생재단에 속하는 재산의 관리 및 처분권의 제한에 관한 사항, 그밖에 채무자의 채무조정을 위하여 필요한 사항

## 15. 변제계획에서 정하는 변제기간은 얼마나 되나요?

변제계획에서 정하는 변제기간은 최단기간은 제한이 없으며 최장기간은 8년입니다. 변제기간을 정함에 있어서 다음과 같이 하는 것이 바람직합니다.
① 변제계획안에서 정하는 변제기간 동안에는 그 가용소득의 전부를 투입하여 우선 원금을 변제하고 잔여금으로 이자를 변제합니다.
② 3년 이내의 변제기간 동안 원금과 이자를 전부 변제할 수 있는 때에는 그 때까지를 변제기간으로 합니다.
③ 3년 이내의 변제기간 동안 원금의 전부를 변제할 수 있으나 이자의 전부를 변제할 수 없는 때에는 변제기간을 3년으로 합니다.
④ 3년 이상 5년 이내의 변제기간 동안 원금의 전부를 변제할 수 있는 때에는 이자의 변제 여부에 불구하고 원금의 전부를 변제할 수 있는 때까지를 변제기간으로 합니다.
⑤ 5년 이내의 변제기간 동안 원금의 전부를 변제할 수 없는 때에는 그 변제기간을 5년으로 합니다.

채무자가 위 ① 내지 ⑤의 기간보다 단기간을 변제기간으로 작성하여 제출한 경우에는 법원은 위 각 호의 기간으로 변제기간을 수정할 것을 명할 수 있습니다. 다만, 법원은 채무자 회생 및 파산에 관한 법률 제614조의 변제계획 인가요건, 채무자의 수입 등 제반 사정을 종합적으로 고려하여, 변제기간을 달리하여 수정을 명할 수 있습니다.

채무자는 변제계획안 인가 전이라도 변제계획안 제출일로부터 60일 후 90일 이내의 일정한 날을 제1회로 하여 매월 일정한 날에 매월 변제예정액을 회생위원에게 임치함으로써 변제계획안이 수행가능하다는 것을 소명할 수 있는데, 그와 같이 임치한 기간은 위 변제기간에 포함됩니다.

## 16. 신청부터 변제계획 인가까지 소요되는 기간은 얼마나 되나요?

신청서류를 구비하고 신청서를 작성하여 법원에 접수한 후 변제계획 인가까지는 법률상의 각 절차별 기간 규정에 비추어 볼 때, 약 4개월 ~ 6개월 정도 소요될 것으로 예상됩니다. 다만, 각 사건별 진행 내용에 따라 소요기간이 다소 단축되거나 연장될 수도 있습니다.

## 17. 개시결정이 내려지면 채무자에게는 어떤 효과가 있나요?

- 채무자에 대한 파산절차는 중지 또는 금지됩니다.
- 개인회생재단에 속하는 재산에 대한 담보권의 설정, 담보권 실행 등을 위한 경매는 중지 또는 금지됩니다. 다만 변제계획 인가결정일 또는 개인회생절차 폐지결정 확정일 중 먼저 도래하는 날까지로 제한됩니다.
- 개인회생채권자목록에 기재된 개인회생채권에 기하여 개인회생재단에 속하는 재산에 대하여 행하는 강제집행·가압류·가처분, 체납처분 등은 중지 또는 금지됩니다.

- 개인회생채권자목록에 기재된 개인회생채권에 대하여 변제받거나 변제를 요구하는 일체의 행위는 금지됩니다. 그러나 개인회생재단채권이나 개인회생채권자목록에 기재되지 않은 개인회생채권은 변제가 금지되지 않으므로 유의하여야 합니다.

### 18. 회생위원이 하는 일은 무엇인가요?

회생위원은 법원에 의하여 선임되고 법원의 감독을 받으며 개인회생절차가 적정하고 원활하게 진행될 수 있도록 법원을 보좌하는 일을 합니다. 회생위원이 주로 하는 일은 다음과 같습니다.
① 채무자의 재산 및 소득을 조사합니다.
② 채무자의 변제계획안 작성을 안내하며 그것이 적정한지를 심사합니다.
③ 개인회생채권자집회를 진행합니다.
④ 채권자집회결과를 법원에 보고하고, 변제계획안 인가여부에 대한 의견을 법원에 제출하며, 변제계획 인가 후에는 변제계획에 따라 자신의 계좌에 채무자가 납입한 변제액을 채권자들에게 분배하고 변제가 지체되면 그 지체액이 변제액의 3개월분에 달한 경우 법원에 보고합니다.

그밖에도 회생위원은 저당권 등으로 담보된 개인회생채권이 있는 경우 담보목적물의 평가, 부인권 행사명령의 신청 및 그 절차 참가, 그 밖에 법령 또는 법원이 정하는 업무를 담당합니다.

### 19. 채무자는 임대차보증금도 반환받아서 변제에 제공하여야 하는가요?

개인회생제도는 원칙적으로 가용소득으로 채무를 변제하는 제도이고, 다만 가용소득의 현재가치가 현재 보유하고 있는 재산을 처분할 경우의 청산가치

보다 적을 때에만 현재 보유하고 있는 재산을 투입하여야 하는 것으로 되어 있습니다. 이와 같이 현재 보유하고 있는 재산을 투입하게 되어 있는 경우에도, 채무자 또는 그 피부양자의 주거용으로 사용되고 있는 건물에 관한 임차보증금반환청구권으로서 주택임대차보호법 제8조의 규정에 의하여 우선변제를 받을 수 있는 금액의 범위 안에서 채무자 회생 및 파산에 관한 법률 시행령에서 정하는 금액을 초과하지 아니하는 부분은, 변제재원으로부터 면제되는 재산이 될 수 있습니다. 따라서 영업소득자인 채무자가 영업장소로 사용하고 있는 상가건물에 대한 임대차보증금반환채권은 이 면제재산에 해당하지 않습니다. 그러나 그러한 상가건물에 대한 임대차보증금반환채권을 변제재원으로 사용하겠다는 내용의 변제계획은, 그 영업의 계속에 장애를 가져올 것이므로, 채무자가 계속적·반복적 수입을 얻을 것이라는 요건을 훼손하게 될 것입니다.

채무자가 면제재산으로 결정받기를 원하는 재산이 있으면, 개인회생절차개시신청일부터 개시결정 후 14일 이내에 면제재산 목록 및 소명자료를 첨부하여 법원에 이를 면제재산으로 결정하여 줄 것을 신청하여야 합니다. 시행령은 면제재산이 될 수 있는 주택임차보증금반환청구권에 대하여 다음의 구분에 의한 금액 이하로 정하고 있습니다.
① 수도권정비계획법에 의한 수도권 중 과밀억제권역 : 1,600만원
② 광역시(군지역과 인천광역시 지역을 제외한다) : 1,400만원
③ 그 밖의 지역 : 1,200만원


## 20. 개인회생채권이란 무엇인가요?

개인회생채권은 채무자에 대하여 개인회생절차개시결정 전의 원인으로 생긴 재산상의 청구권을 말합니다. 다만 개인회생절차개시 후에 생긴 채권이라 하더라도 예외적으로 개인회생채권으로 하고 있는 것이 있습니다. 개인회생

채권은 원칙적으로 개인회생절차에 의해서만 변제받을 수 있고, 개인회생절차개시결정이 있는 때에는 강제집행, 가압류, 가처분이 중지 또는 금지되며, 면책결정이 확정되면 면책을 받을 수 있는 채권입니다. 개인회생채권은 일반의 우선권 있는 개인회생채권, 일반 개인회생채권, 후순위 개인회생채권으로 나눌 수 있습니다.

## 21. 일반의 우선권 있는 개인회생채권에는 어떤 것이 있나요?

국세징수법 또는 국세징수의 예에 의하여 징수할 수 있는 청구권(국세, 지방세 등 지방자치단체의 징수금, 관세 및 가산금, 건강보험료, 산업재해보상보험료 등)을 들 수 있습니다. 다만 개인회생절차개시결정 전에 채권이 성립되어 있어야 합니다. 일반의 우선권 있는 개인회생채권도 개인회생채권의 일종이므로 개인회생절차개시결정으로 인하여 강제집행이 중지 또는 금지되고, 원칙적으로 변제계획에 의해서만 변제가 허용됩니다. 채무자가 제출하는 변제계획안에는 일반의 우선권 있는 개인회생채권 전액의 변제에 관한 사항이 기재되어야 합니다.

## 22. 후순위 개인회생채권에는 어떤 것이 있나요?

개인회생절차개시 후에 생긴 개인회생채권 중 법이 후순위 개인회생채권으로 정한 것이 있습니다. 개인회생절차개시결정 후의 이자, 개인회생절차개시결정 후의 불이행으로 인한 손해배상액 및 위약금, 개인회생절차참가비용, 벌금·과료·형사소송비용·추징금 및 과태료 등이 후순위 개인회생채권에 해당 합니다. 후순위 개인회생채권은 일반의 우선권 있는 개인회생채권과 일반 개인회생채권이 모두 변제되고 난 후에 비로소 변제받을 수 있는 채권입니다. 실제로는 일반 개인회생채권도 전액 변제받기가 어렵기 때문에 후순위 개인회생채권이 변제계획에 포함될 가능성은 낮습니다.

### 23. 개인회생재단채권이란 무엇인가요?

개인회생재단채권은 개인회생절차의 수행에 필요한 비용 또는 형평의 관념이나 사회정책적인 이유로 법이 특별히 재단채권으로 인정한 채권입니다. 개인회생재단채권의 예로는, 회생위원의 보수 및 비용의 청구권, 개인회생절차개시 당시 아직 납부기한이 도래하지 아니한 원천징수하는 조세, 부가가치세·특별소비세·주세 및 교통세, 특별징수의무자가 징수하여 납부하여야 하는 지방세, 본세의 부과·징수의 예에 따라 부과·징수하는 교육세 및 농어촌특별세, 채무자의 근로자의 임금·퇴직금 및 재해보상금, 채무자가 개인회생절차개시신청 후 개시결정 전에 법원의 허가를 받아 행한 자금의 차입, 자재의 구입 그 밖에 사업을 계속하는데 불가결한 행위로 인하여 생긴 청구권, 그 밖에 채무자를 위하여 지출하여야 하는 부득이한 비용청구권 등을 들 수 있습니다. 개인회생채권이 원칙적으로 변제계획에 의하지 아니하고는 변제할 수 없는데 반하여, 개인회생재단채권은 개인회생절차에 의하지 않고 채무자가 수시로 변제하고 개인회생채권보다 먼저 변제하여야 합니다.

### 24. 개인회생채권은 어떤 경우에 확정되나요?

변제계획안을 작성하기 위해서는 채권의 존부 및 내용이 확정되어야 하는데, 개인회생채권은 다음과 같이 4가지의 경우에 확정됩니다.
① 개인회생채권자목록에 기재된 채권에 대하여 채권자가 개인회생채권에 관한 이의기간 안에 채권조사확정재판을 신청하지 않거나 신청이 각하된 경우에는 개인회생채권자목록의 기재대로 확정됩니다.
② 채권자로부터 이의가 제기되어 채권조사확정재판이 있고 이에 대하여 불복이 없는 경우에는 채권조사확정재판의 결과대로 확정됩니다.
③ 채권조사확정재판에 대한 불복이 있는 경우 개인회생채권조사확정재판에 대한 이의의 소의 결과에 따라 확정됩니다.

④ 개인회생절차 개시결정 당시 이미 별도의 소송이 제기되어 있는 경우에는 그 소송의 결과대로 확정됩니다.

### 25. 개인회생채권조사확정재판이란 무엇인가요?

개인회생채권조사확정재판이란, 개인회생채권자목록의 내용에 관하여 이의 있는 채권자가 이의를 제기하고 이에 대하여 법원이 재판을 하는 절차입니다. 개인채무자회생절차에서는 채권자의 채권신고절차 없이 채무자가 제출한 개인회생채권자목록을 기초로 변제계획안이 작성되기 때문에 개인회생채권조사확정재판은 채권자가 자신의 채권 또는 다른 채권자의 채권의 존부 및 내용에 대하여 다툴 수 있는 중요한 수단이 됩니다.

개인회생채권자목록에 대하여 이의 있는 채권자는 이의기간 안에 서면으로 개인회생채권조사확정재판을 신청할 수 있습니다. 이의기간은 개인회생절차 개시결정일로부터 2주 이상 2월 이하의 어느 날로서 법원이 개시결정시에 지정한 기간을 말합니다. 개인회생채권자가 자신의 채권에 관하여 채권조사확정재판을 신청하는 경우에는 채무자를 상대방으로 하고, 다른 개인회생채권자의 채권에 관하여 채권조사확정재판을 신청하는 경우에는 채무자와 다른 개인회생채권자를 상대방으로 하여야 합니다. 그러나 개인회생절차개시 당시 이미 이의대상인 권리에 대하여 소송이 계속 중인 경우에는 별도로 조사확정재판을 신청할 수 없고 이미 계속 중인 소송의 내용을 개인회생채권확정의 소로 변경하여야 합니다.

신청인은 채권조사확정재판신청서 제출과 함께 송달료 및 인지대를 납부하여야 합니다. 비용을 미리 납부하지 않는 때에는 신청이 각하됩니다. 법원은 이해관계인을 심문한 후 채권조사확정재판의 결정을 하고, 이에 대하여 불복이 있는 사람은 결정서를 송달받은 날로부터 1월 이내에 이의의 소를 제기할 수 있습니다.

## 26. 개인회생채권자집회는 어떤 기능을 하나요?

개인회생채권자집회는 어떤 결의를 하는 집회가 아니고, 채무자가 변제계획안에 대한 설명을 하고 개인회생채권자 또는 회생위원이 그에 대한 이의 여부를 진술하는 집회로서, 변제계획안의 인가 여부를 간이·신속하게 결정하기 위하여 마련된 절차입니다. 개인회생채권자집회는 법원이 지휘하고, 다만 회생위원이 선임되어 있는 때에는 법원은 회생위원으로 하여금 진행하게 할 수 있습니다.

채무자는 개인회생채권자집회에 출석하여 개인회생채권자의 요구가 있는 경우 변제계획안에 관하여 필요한 설명을 하여야 합니다. 채무자가 정당한 사유 없이 개인회생채권자집회에 출석 또는 설명을 하지 않거나 허위의 설명을 한 경우 법원은 개인회생절차폐지결정을 할 수 있습니다. 개인회생채권자는 개인회생채권자집회에 출석하여 채무자가 제출한 변제계획안에 관하여 채무자로부터 직접 설명을 듣고, 변제계획안에 대하여 이의를 진술하는 방법으로 의견을 표명할 수 있고, 개인회생채권자집회기일 종료시까지 이의진술서를 법원에 제출하는 방식으로 집회에서의 이의진술에 갈음할 수 있습니다. 회생위원은 개인회생채권자집회를 마친 후 2주 이내에 집회에서 이의가 있었는지 여부와 이의의 내용, 이의가 있는 경우 변제계획안이 인가요건을 충족하였는지 여부에 관한 의견 등을 기재한 보고서를 법원에 제출하여야 하고, 법원은 이를 토대로 변제계획안의 인가 여부를 결정하게 됩니다.

## 27. 채무자가 제출하는 변제계획안이 법원으로부터 인가를 받기 위해서는 어떤 요건을 갖추어야 하는가요?

채무자가 제출하는 변제계획안이 법원으로부터 인가를 받기 위해서는 다음과 같은 4가지 요건을 갖추어야 합니다.

① 변제계획이 법률의 규정에 적합하여야 합니다.
② 변제계획이 공정하고 형평에 맞아야 하며 수행가능 하여야 합니다.
③ 변제계획 인가 전에 납부되어야 할 비용·수수료 그 밖의 금액이 납부되어 있어야 합니다.
④ 변제계획의 인가결정일을 기준일로 하여 평가한 개인회생채권에 대한 총변제액이 채무자가 파산하는 때에 배당받을 총액보다 적지 않아야 합니다 (다만, 채권자가 동의한 경우에는 그러하지 아니합니다).

아울러 개인회생채권자 또는 회생위원이 이의를 진술하는 때에는 위 4가지 요건 외에도 다음의 3가지 요건을 추가로 갖추어야만 변제계획안이 인가를 받을 수 있습니다.
① 변제계획 인가결정일을 기준일로 하여 평가한 이의를 진술하는 개인회생채권자에 대한 총변제액이 채무자가 파산하는 때에 배당받을 총액보다 적지 않아야 합니다.
② 채무자가 최초의 변제일부터 변제계획에서 정한 변제기간 동안 수령할 수 있는 가용소득의 전부가 변제계획에 따른 변제에 제공되어야 합니다.
③ 변제계획의 인가결정일을 기준일로 하여 평가한 개인회생채권의 총금액이 5천만 원 미만인 경우 5/100에 해당하는 금액, 5천만 원 이상인 경우에는 3/100에 100만원을 더한 금액 이상이 변제에 제공되어야 합니다.

## 28. 변제계획 인가의 효력은 어떤가요?

변제계획 인가결정은 권리변경의 효력이 없기 때문에 변제계획이 인가되었다고 하더라도 채권자의 권리 자체에 영향을 미치지는 않습니다. 변제계획 인가결정이 있으면 개인회생재단에 속하는 모든 재산은 원칙적으로 채무자에게 다시 귀속됩니다. 따라서 채무자는 변제계획 인가 후에 재산에 대한 소유권을 자유로이 행사할 수 있게 됩니다. 다만 변제계획 또는 변제계획

인가결정에서 이와 다르게 정할 수 있습니다. 변제계획 인가결정이 있는 때에는 개시결정으로 인하여 중지된 파산절차와 개인회생채권에 기한 강제집행·가압류 또는 가처분은 그 효력을 잃게 됩니다. 다만 변제계획 또는 변제계획 인가결정에서 이와 다르게 정한 때에는 그렇지 않습니다.

### 29. 변제계획이 불인가되었을 경우에는 어떻게 되나요?

변제계획이 인가요건을 갖추지 못하면 변제계획 불인가결정 및 개인회생절차폐지결정이 내려지게 되는데, 이 결정이 확정되면 개인회생절차는 종료됩니다. 채무자는 변제계획 불인가결정 및 개인회생절차폐지결정에 대하여 공고일로부터 2주 이내에 즉시항고를 할 수 있습니다. 다만 법원은 확정된 개인회생채권 총액의 20분의 1의 범위 내에서 항고인에게 항고보증금을 공탁할 것을 명할 수 있습니다. 변제계획 불인가결정 및 개인회생절차폐지결정이 확정되면 개인회생채권자는 개인회생절차의 제약에서 벗어나 변제계획과 상관없이 채권을 추심하고 강제집행, 가압류, 가처분을 할 수 있게 됩니다.

### 30. 변제의 수행은 어떻게 하면 되나요?

변제계획이 인가되면, 채무자는 인가된 변제계획의 내용에 따라 개인회생채권자에게 변제하여야 할 금원을 회생위원에게 임치하여야 하고, 회생위원은 그 임치된 금원을 변제계획 내용대로 각 개인회생채권자에게 지급합니다. 따라서 회생위원이 선임되어 있는 경우에 채무자는 직접 개인회생채권자에게 변제하는 것이 아니라 변제할 금원을 회생위원에게 임치하여야 합니다. 채무자가 회생위원에게 금원을 임치하는 방법은 각 법원별로 지정된 은행에 개설된 회생위원이 관리하는 예금계좌(법원코드, 회생위원번호, 사건번호로 계좌번호가 구성되어 있습니다)에 송금하는 것입니다.

## 31. 채무자가 도중에 변제계획을 지키지 않으면 어떻게 되나요?

변제계획 수행 도중에 채무자의 실직, 급여의 감소, 생계비의 증가 등으로 인하여 채무자가 변제계획을 지키지 못하는 경우가 생길 수 있습니다. 채무자가 인가된 변제계획을 이행하지 않는 경우에 법원은 이해관계인의 신청에 의하거나 직권으로 개인회생절차폐지결정을 하게 됩니다. 그러나 채무자는 기존의 변제계획을 자신에게 유리하게 변경하는 내용의 변제계획 변경 안을 법원에 제출하여 법원으로부터 인가를 받게 되면 개인회생절차폐지결정을 면할 수 있습니다.

또한 채무자는 다음의 3가지 요건을 모두 갖춘 경우에는 당초의 변제 계획을 지키지 못하였더라도 법원으로부터 면책결정을 받을 수 있습니다.
① 채무자가 책임질 수 없는 사유로 인하여 변제를 완료하지 못하였어야 합니다.
② 개인회생채권자가 면책결정일까지 변제받은 금액이 채무자가 파산절차를 신청한 경우 파산절차에서 배당받을 금액보다 적지 않아야 합니다.
③ 변제계획의 변경이 불가능한 경우여야 합니다.


## 32. 변제계획이 완수되면 어떤 효과가 있나요? 남은 채무는 면책이 되나요?

법원은 채무자가 변제계획에 따른 변제를 완료한 때에는 면책의 결정을 하게 됩니다. 면책결정은 채무자가 신청할 수도 있고 법원이 직권으로 할 수도 있습니다. 면책결정이 확정되면 개인회생절차는 종료됩니다. 면책의 결정이 확정되면 면책을 받은 채무자는 변제계획에 따라 변제하고 남은 채무에 관하여 그 책임이 면제됩니다.

## 33. 면책에서 제외되는 채권에는 어떤 것들이 있나요?

면책의 효력은 개인회생채권자가 채무자에 대하여 갖고 있는 개인회생채권에 대하여 미치는 것이 원칙이지만, 다음의 각 청구권은 면책의 대상에서 제외됩니다.
① 개인회생채권자목록에 기재되지 않은 청구권
② 개인회생절차개시 당시 아직 납부기한이 도래하지 아니한 원천징수하는 조세, 부가가치세·특별소비세·주세 및 교통세, 특별징수의무자가 징수하여 납부하여야 하는 지방세, 본세의 부과·징수의 예에 따라 부과·징수하는 교육세 및 농어촌특별세
③ 벌금·과료·형사소송비용·추징금 및 과태료
④ 채무자가 고의로 가한 불법행위로 인한 손해배상
⑤ 채무자가 중대한 과실로 타인의 생명 또는 신체를 침해한 불법행위로 인하여 발생한 손해배상
⑥ 채무자의 근로자의 임금, 퇴직금 및 재해보상금
⑦ 채무자의 근로자의 임치금 및 신원보증금
⑧ 채무자가 양육자 또는 부양의무자로서 부담하여야 할 비용


## 34. 면책이 취소될 수도 있나요?

채무자가 면책을 받았다고 하더라도 기망 그 밖의 부정한 방법으로 면책을 받은 때에는 법원은 이해관계인의 신청에 의하거나 직권으로 면책을 취소할 수 있습니다.

이해관계인은 면책결정이 확정된 날로부터 1년 이내에 면책취소신청을 하여야 합니다.

## 35. 개인회생절차에서 채무자의 법률위반으로 인한 형사처벌조항으로는 무엇이 있나요?

① 사기개인회생죄: 채무자가 자기 또는 타인의 이익을 도모하거나 채권자를 해할 목적으로 다음 중 어느 하나에 해당하는 행위를 하고, 채무자에 대하여 개인회생절차개시결정이 확정된 때에는 5년 이하의 징역 또는 5천만원 이하의 벌금에 처해지게 됩니다.
(1) 재산을 은닉 또는 손괴하거나 채권자에게 불이익하게 처분하는 행위
(2) 허위로 부담을 증가시키는 행위

② 보고 등 거절의 죄: 채무자가 정당한 사유 없이 법원 또는 회생위원으로부터 금전의 수입과 지출 그 밖에 재산상의 업무에 관한 보고요구를 받고도 이를 거부하거나 허위 보고를 하는 행위, 법원 또는 회생위원이 필요하다고 인정하여 재산상황을 조사하는 것을 거부하는 행위, 시정요구를 거부하는 행위를 한 경우에는 채무자는 1년 이하의 징역 또는 1천만원 이하의 벌금에 처해지게 됩니다.


## 36. 면책된 채권에 대하여 추심행위를 하는 채권자에 대한 제재로는 무엇이 있나요?

개인회생절차에서 변제계획에 따른 변제를 완료하거나 법원의 재량에 의하여 면책을 받은 채무자에 대하여, 채권자가 면책된 사실을 알면서 면책된 채권에 기하여 강제집행·가압류 또는 가처분의 방법으로 추심행위를 한 경우에는 500만원 이하의 과태료에 처해지게 됩니다.

# IV. 개인파산이란?

## 1. 개인파산의 정의[5]

개인파산은 자신의 모든 재산으로도 채무를 변제할 수 없을 때 채무의 정리를 위해 파산을 신청하고, 파산절차를 통해 변제되지 못한 채무는 면책을 구하는 법적 제도이다. 파산 및 면책은 자신의 모든 채무를 변제할 수 없는 재정 상태에 빠진 사람이 신청할 수 있다. 개인파산면책제도의 목적은, 모든 채권자가 평등하게 채권을 변제 받도록 보장함과 동시에, 채무자에게 면책절차를 통하여 남아 있는 채무에 대한 변제 책임을 면제하여 경제적으로 재기·갱생할 수 있는 기회를 부여하는 것이다. 그렇기 때문에 낭비 또는 사기행위 등으로 파산에 이른 경우에는 면책이 허가되지 않는다.

개인 파산사건에서의 파산원인이란 지급불능 즉, 채무자가 '변제능력이 부족하여 변제기가 도래한 채무를 일반적·계속적으로 변제할 수 없는 객관적 상태'에 있는 경우를 말한다. 지급불능이란 반드시 채무자의 채무가 재산을 초과하는 채무초과상태를 의미하는 것은 아니며, 채무자의 재산, 노동력, 신용으로 채무를 변제하는 것이 객관적으로 불가능한 상태로서, 채무자의 연령, 직업, 기술, 건강, 재산 및 부채의 규모 등을 종합적으로 고려하여 판단한다. 고령자나 장애 질병으로 인하여 수입을 기대하기 어렵거나 최저생계비 이하 소득자면, 개인 파산자격 조건에 해당되어 개인파산을 신청할 수 있다. 개인회생에 비해 자격조건이 더 까다로우며 법원의 개인파산면책 허가결정 시에 곧바로 채무 탕감을 받을 수 있다.

파산제도는 채무자에게 파산 원인이 있는 경우 채권자 또는 채무자의 신청으로 파산을 선고하고 채권조사절차를 통하여 채권자의 권리를 확정한 다음, 파산관재인을 선임하여 채무자의 재산을 환가하여 권리의 우선순위와 채권액에 따라 환가된 금원을 분배하는 과정이며, 배당절차가 끝나면 법원의 파선종결 결정에 따라 종료된다. 그러나 파산관재인을 선임하여 재산을

---
[5] 대한법률구조공단

환가하는 절차는 상당한 비용이 요구되므로, 이러한 절차비용이 없는 경우 위 청산절차를 생략하고 파산선고와 동시에 파산절차 폐지결정을 하게 된다. 이와 같이 파산은 채무자의 재산을 환가하여 채권자들에게 평등하게 배당하는 것을 주된 목적으로 하고 있다. 그러나 개인파산의 경우 절차비용을 충당할 재산이 없는 경우가 대부분이며, 법인과 달리 파산이 종결 또는 폐지된다고 하여도, 사회경제의 주체로서 금융 및 소비생활을 계속하게 되므로 '성실하나 불운한' 채무자를 구제하여 갱생을 도모하는 제도가 필요하게 되는데 이러한 제도가 면책제도이다. 결국 개인파산의 경우 채권자에 대한 평등한 배당 보다는 채무자의 책임을 면제하여 갱생을 도모하는데 실질적인 목적이 있다. 개인파산사건 접수는 2020년 3월 기준, 4,275건이며 법인파산접수는 101건 되었다.

## 2. 개인파산 신청자격

### 1) 채무초과 및 지급불능 상태

법원은 채권자 또는 채무자의 파산신청이 있고, 채무자가 채무초과 및 지급불능 상태에 있는 경우 파산선고를 한다. 그리고 파산절차의 진행을 위해서 파산선고와 동시에 파산관재인을 선임한다. 여기서 말하는 '채무초과 상태'란 부채의 총액이 자산의 총액을 초과하는 상태를 말하고 '지급불능 상태'란 변제 능력이 부족하여 변제기가 도래한 채무를 일반적, 계속적으로 변제할 수 없는 객관적인 상태를 말한다. 파산 및 면책은 자신의 모든 채무를 변제할 수 없는 재정 상태에 빠진 사람이 신청할 수 있다. 신용불량자가 아니라도 신청할 수 있다.

### 2) 채무의 한도

개인파산신청은 채무초과 및 지급불능 상태에 있는 경우 파산선고를 하는 것이므로, 채무의 한도가 없다. 다만, 채무자가 변제하여야 할 채무 중 조세 등의 비 면책채권이 있는 경우 이는 면책이 되지 않고 면책 불허가 결정이나 일부 면책결정을 받는 경우 면책이 되지 아니한 채무는 그대로 남아있게 된다. 소액 채무인 경우에도 개인파산면책신청 요건에 해당한다면 신청이 가능하다. 법원에서는 채무자의 채무증대경위나 소득, 생계를 같이 하는 부양가족, 현재의 생활상황 등을 고려하여 종합적으로 판단하기 때문에 채무가 얼마 이상이어야 신청이 가능한 것은 아니다. 2014년도에 1천만 원 이하의 채무를 파산 신청하여 면책 결정 받은 사례가 실제로 존재한다.

### 3) 채무자의 소득이나 재산의 유무

개인파산신청을 소득이나 재산이 없는 자만 신청하는 것으로 잘못 알고 있는 경우가 많다. 물론 소득이나 재산이 없는 채무자가 개인파산을 신청하는 경우가 많다. 그러나 파산신청 채무자에게 소득이 있다면 그 소득이 정기적이고 계속적인 소득인지, 그리고 채무증대경위 및 생활상황은 어떠한지에 따라 지급불능 상태를 종합적으로 판단하는 것이므로 소득이 있다고 개인파산신청을 할 수 없는 것은 아니다. 그리고 채무자가 보유하고 있는 자산이 있다면 파산절차에 따라서 자산을 금전으로 환기하여 각 채권자들의 채권비율에 따라 배당을 하고 나머지 변제하지 못한 채무를 면책하여 주는 것이므로 재산이 없는 채무자만 신청하는 것은 아니다.

### 4) 개인파산면책 재신청

채무자가 개인파산면책을 신청하여 면책결정을 받은 경우에는 면책결정 확정일로부터 7년이 도과되어야 다시 개인파산면책신청을 할 수 있다. 만일 7년이 도과되지 않은 시점에서 신청을 하는 경우에는 신청권자의 자격을 갖추고 있지 않으므로 그 신청을 기각한다.

## 3. 개인파산 신청절차[6]

---

[6] 신용 회복 위원회

## 1) 신청서 및 첨부서류 작성방법[7]

- 서울회생법원 홈페이지〉 민원〉 민원서식 양식 모음〉 개인파산/면책 다운
- 신청권자가 관할법원에 파산원인을 소명하여 파산선고 신청서를 접수하면 된다.
- 파산신청서류는 다음 6가지의 서면으로 이루어져 있다.

| 준비서류 | 파산신청서, 진술서, 채권자일람표, 재산목록, 현재의 생활상황, 수입 및 지출에 관한 목록 |
|---|---|
| 작성방법 | 빈칸에 해당사항을 기재하시고, 각 질문사항에 "유,무"의 표시를 하시는데 "유"에 표시한 경우에는 반드시 기재사항을 기재 하시고, 신청서에 기재할 란 이 부족한 경우에는 신청서와 같은 크기의 용지에 별도로 기재하여 서류의 마지막장에 첨부하여 주시고 해당 항목에는 "별지기재와 같음"이라고 기재한다. |

- 파산신청 시 첨부서류

| 진술서 | 파산신청서 양식에 첨부되어 있으므로 해당란에 기재. |
|---|---|
| 가족관계증명서와 주민등록등본 | 외국인의 경우 외국인등록증명서를 첨부한다. 최근 2년 이내에 이혼한 경우에는 혼인관계증명서도 함께 첨부한다. |
| 기타 첨부서류 | 신청서 양식 중 각 해당란 ☆표에서 설명하는 첨부 서류를 제출하여야 한다.<br>다만, 자료를 첨부할 수 없는 경우에는 그 이유를 기재한 진술서와 그에 대신할 수 있는 자료가 될 만한 것을 첨부한다. 신청서, 진술서, 채권자일람표, 채권자주소록, 재산목록, 현재의 생활상황, 최근의 가계수지표 등은 앞에 편철하고, 그 뒤에 각종 증빙서류를 각 항목별로 표시하여 첨부한다. |
| 위임장 및 인감증명서 | 대리인에 의하여 파산신청을 하는 경우에는 위임장 및 인감증명서를 첨부 한다. (대리인에 의하여 파산신청을 하였어도 소송은 본인의 출석으로만 가능) |

---
[7] 대한법률구조공단, 법제처

- 개인파산 신청의 최종적인 목표는 면책을 받아 채권자에게 채무를 변제하지 않아도 된다는 면책결정을 받기 위한 것이며 파산신청은 면책 신청을 하기 위한 전 단계이다.
- 면책 불허가 사유가 있는지 여부를 중점으로 읽기 바란다.
  - 채무자가 자기 재산을 숨기거나 부수거나 다른 사람 명의로 바꾸거나 헐값에 팔아버린 행위
  - 채무자가 채무를 허위로 증가시키는 행위
  - 채무자가 과다한 낭비 또는 도박 등을 하여 현저히 재산을 감소시키거나 과대한 채무를 부담하는 행위
  - 채무자가 신용거래로 구입한 상품을 현저히 불리한 조건으로 처분하는 행위
  - 채무자가 파산원인인 사실이 있음을 알면서 어느 채권자에게 특별한 이익을 줄 목적으로 채무자의 의무에 속하지 않거나 그 방법 또는 시기가 채무자의 의무에 속하지 않는데도 일부 채권자에게만 변제하거나 담보를 제공하는 행위(아직 변제기가 도래하지 않은 일부 채권자에게만 변제하거나 원래 대물변제 약정이 없는데도 일부 채권자에게 대물 변제하는 행위를 포함)
  - 채무자가 허위의 채권자목록 그 밖의 신청서류를 제출하거나 법원에 대하여 그 재산 상태에 관하여 허위의 진술을 하는 행위
  - 채무자가 파산선고를 받기 전 1년 이내에 파산의 원인인 사실이 있음에도 불구하고 그 사실이 없는 것으로 믿게 하기 위하여 그 사실을 속이거나 감추고 신용거래로 재산을 취득한 사실이 있는 때
  - 과거 일정기간(개인파산 면책 확정 일부터 7년, 개인회생 면책 확정일 부터 5년)내에 면책을 받은 일이 있는 때

**2) 신청비용**

- 신청수수료: 2,000원(개인파산신청 1,000원, 면책신청 1,000원)

- 송달료: (4,800원 × 10회분) + (채권자수 × 4회분)
  ※ 면책절차 신청 시에 예납할 송달료는(4,800원 × 10회분) + (채권자수 ×3회분)의 금액을 납부해야 함
  ※ 주로 파산 및 면책[8] 동시신청을 함
- 예납금: 필요 없음
  ※ 공고는 대법원 홈페이지(http://www.scourt.go.kr) 법원 공고 란에 게시되므로 구 파산법상 필요하였던 공고 비용 예납금은 납부하지 않아도 된다.

### 3) 신청권자

채권자, 채무자 및 채무자에 준하는 자(법정대리인, 파산회사 대표자, 이사, 지배인)가 신청할 수 있다. 개인파산의 경우 대부분 면책을 목적으로 하는 채무자의 신청이 압도적이나, 채권자도 채무자에 대해 파산을 신청하여 재산을 환가하여 배당받을 목적으로 신청할 수 있을 것이다.

### 4) 관할법원

개인파산에서는 원칙적으로 채무자의 주소지를 관할하는 지방법원 본원에 파산을 신청해야 한다. 서울동부지방법원·서울남부지방법원·서울북부지방법원 또는 서울서부지방법원의 관할에 속할 사건은 서울중앙지방법원에만 신청할 수 있다. 또한 영업소를 가지고 있는 개인이 파산을 신청하는 경우 영업소 소재지를 관할하는 고등법원 소재지의 지방법원 본원에도 파산을 신청할 수 있다. 따라서 인천, 경기, 강원지역에 영업소를 가진 개인도 위 지역을 관할하는 고등법원 소재지 지방법원인 서울중앙지방법원에 개인파산을 신청할 수 있다.

---

[8] 파산법상의 면책이란 자연인 파산자에 대하여 파산절차에 의하여 배당·변제되지 아니한 잔여채무에 관한 변제책임을 면제하는 것을 말한다.

5) 개인파산 절차와 흐름

(1) 파산신청서를 법원에 제출하면 1달 정도 후에 심문일자가 정해져서 신청인(채무자)에게 심문기일을, 채권자들에게 의견청취서를 보낸다. 다만, 채무자의 심문이 필수적인 것은 아니며 신청서 및 첨부서류만으로 파산여부를 결정할 수도 있다.

(2) 심문(재판) 종결 후 3주 정도 지나면 법원은 파산여부에 대한 결정정본과 면책절차에 대한 안내문을 송달한다. 채무자는 원칙적으로 면책신청기간 내에 면책신청서를 제출해야 하나 특별한 사정이 없는 한 파산신청 시 면책도 신청한 것으로 간주하므로(간주면책신청제도) 면책을 신청하지 않았다 하더라도 면책심리는 진행된다.

(3) 파산 신고 후 1, 2개월 후에 면책에 대한 심문기일이 지정되며, 심문 종결 후 1월 이상의 채권자 이의기간, 의견청취 기일 등을 거쳐 파산신청일로부터 약 5, 6개월이 지나면 면책여부에 대한 결정을 받게 된다. 다만, 채무자의 심문의 필수적인 것은 아니며 신청서 및 첨부서류만으로 면책여부를 결정할 수도 있다.

※ 위 기간들은 재판부의 사정에 따라 늘어나거나 줄어들 수 있음

6) 파산 절차 폐지

(1) 이시폐지 결정 (파산절차의 진행 중에 파산절차를 폐지)

파산 및 면책 신청서가 제출되면, 법원은 기록상 명백히 나타나는 각하·기각사유를 검토하고 '파산 원인 사실'의 존부를 심리한 후, 파산관재인 선임

을 위한 비용의 예납을 명하고, 예납금이 납부되면 신속히 파산을 선고하면서 그와 동시에 파산관재인을 선임한다.

파산이 선고되면 법원은 채무자에게 파산관재인의 조사에 적극 협력해야 한다는 점과 파산선고 후에는 채무자의 재산에 대한 관리처분권이 상실된다는 점 등을 고지하고, 채무자의 면책에 관한 채권자의 이의여부를 확인한다.

파산관재인이 조사한 결과, 채무자에게 재산이 없거나 재산이 있어도 파산절차 비용에 충당하기에 부족할 정도의 규모라면 파산절차 폐지결정을 하게 되고, 채무자에게 일정 규모 이상의 재산이 남아 있는 경우에는 재산을 매각하여 채권자들에게 배당까지 마친 후 파산절차 종결결정을 하게 된다.

위와 같이 파산절차 폐지결정과 종결결정이 이루어진 이후 채무자에 대한 면책여부에 관한 판단을 하게 된다.

(2) 동시폐지 결정 (파산선고와 동시에 파산절차를 폐지)

개인파산 및 면책제도는 신청인에게 면책절차를 통한 경제적 재기·갱생의 기회를 부여하는 것을 목적으로 하나, 그 본래적인 목적은 파산관재인을 통해 신청인의 재산을 처분하고 이를 채권자에게 평등하게 배당하는 것에 있다.

그러나 대부분의 개인파산사건은 재산액이 파산관재인 선임 등 절차비용에도 미치지 못하여 재산처분을 통한 배당절차를 생략하고 바로 파산절차를 폐지하여 면책절차에 들어가게 되는데, 이렇게 파산선고와 동시에 파산절차를 폐지하는 결정을 동시폐지 결정이라고 한다.

일반적으로 동시폐지결정의 재산액 기준은 금 300만원으로서 재산액이 이를 상회한다면 재산처분을 위한 파산관재인을 선임하게 한다. 그러나 신청인에게 위 금액을 초과하는 재산이 있어도 그 재산이 임대차보증금, 자동차, 가재도구 등 채무자의 기초적인 생활에 필수적인 것이라면 신청인의 기본적인 생존권을 보장한다는 차원에서 상당한 금액이라도 실무상 동시폐지를 하는 경향이 있다.

또한 채무자 회생 및 파산에 관한 법률은 면제재산제도를 신설하여 채무자 또는 그 피부양자의 주거용으로 사용되고 있는 건물에 관한 임차보증금반환청구권 중 일정 부분과 6개월간의 생계비에 사용할 특정한 재산으로서 일정 부분을 파산재단에서 제외시킬 수 있도록 하여 파산신고를 받은 자의 기초적인 생계를 보장하고 있다.

### 4. 신청서 작성방법

#### 1) 파산신청서

「신청인(채무자)」란에는 성명을 한글과 한자로 정확하게 기재하고, 주민등록번호, 주소 및 등록기준지는 가족관계증명서, 주민등록등본 등을 확인하고 정확히 기재한다.

자산이 있어 파산절차를 진행할 필요가 있기 때문에 동시폐지를 신청하지 않은 경우에는 신청취지의 2항과 신청이유 중 ( )안의 부분을 삭제하고 날인하여야 한다.

개인파산 동시폐지란 파산재단으로 파산절차의 비용을 충당하기에 부족하다고 인정되는 경우 파산선고와 동시에 파산폐지의 결정을 내리는 것을 동시폐지라고 한다.

# 파 산 신 청 서

인지
1000원

신 청 인(채 무 자)            (주민등록번호 :            )
주 소 :                                    (우편번호 :        )
거 소 :                                    (우편번호 :        )
송달장소 :           송달영수인 :          (우편번호 :        )
등록기준지 :
연락처 : 휴대전화(       ), 집전화(       ), e-mail(       )

## 신 청 취 지
1. 신청인에 대하여 파산을 선고한다.
2. 이 사건 파산절차를 폐지한다.

## 신 청 이 유
1. 신청인에게는 별첨한 진술서 기재와 같이 지급하여야 할 채무가 존재합니다.
2. 그런데 위 진술서 기재와 같은 신청인의 현재 자산, 수입의 상황 하에서는 채무를 지급할 수 없는 상태에 있습니다.(또한 파산재단을 구성할 만한 재산이 거의 없어 파산절차비용에 충당하기에 부족합니다.)
3. 이 사건 파산신청에 면책신청의 효과가 법률상 부여되는 것을 원하지 않습니다. <u>면책신청은 추후 별도로 하겠습니다.</u>

## 첨 부 서 류
1. 가족관계증명서(상세증명서), 혼인관계증명서(상세증명서) 각 1부
2. 주민등록초본[주소변동내역(과거 주소 전체) 및 개명, 주민등록번호 변동사항 포함] 및 주민등록등본 각 1부
※ 가족관계증명서, 혼인관계증명서, 주민등록등본은 신청인 외 제3자의 주민등록번호 뒷자리가 표기되지 아니한 것을 제출(신청인 본인의 주민등록번호는 전체 표기)
3. 진술서(채권자목록, 재산목록, 현재의 생활 상황, 수입 및 지출에 관한 목록 포함) 1부
4. 자료제출목록 1부

---

**휴대전화를 통한 정보수신 신청서**
위 사건에 관한 파산선고절정 정보를 예납의무자가 납부한 송달료 잔액 범위 내에서 휴대전화를 통하여 알려주실 것을 신청합니다.
☐ 휴대전화 번호 :

　　　　신청인 채무자 　　　　　　(날인 또는 서명)

※ 파산선고결정이 있으면 신속하게 위 휴대전화로 문자메시지가 발송됩니다.
※ 문자메시지 서비스 이용금액은 메시지 1건당 17원의 납부된 송달료에서 지급됩니다(송달료가 부족하면 문자메시지가 발송되지 않습니다). 추후 서비스 대상 정보, 이용금액 등이 변경될 수 있습니다.

---

**법원외 타기관을 통한 개인파산 신청에 대한 지원 여부**(해당사항 있을시 기재)
1.지원기관 (1.       2.       ) (예)신용회복위원회, 서울시복지재단, 법률구조공단 등
2.지원내역과 지원금액(1.
　　　　　　　　　2.                                    )
(예)신청서 작성 지원, 변호사 수임료 지원, 송달료 지원, 파산관재인 보수 지원 등
서울시복지재단 - 파산관재인 보수 지원(30만원)

2) 진술서

채무자는 파산법원으로 하여금 채무자의 지급불능상황을 보다 상세히 파악하게 하기 위하여 자기파산 신청 시에 본인이 직접 다음과 같은 사항에 관하여 사실 그대로 기재한 진술서를 제출하여야 한다.
  ※진술서는 면책 신청서 두 번째 페이지에 있다.

- 제1항: 성명, 주소 및 등록기준지는 가족관계증명서, 주민등록등본 등을 확인하여 정확하게 기재하여야 한다. 그리고 연락할 전화(휴대폰 또는 FAX)번호는 향후 법원이 파산신청인에게 연락할 때 필요하기 때문에 생략함이 없이 정확하게 기재하여야 한다.
- 제2항: 파산신청비용의 조달방법에 대하여 어떠한 방법으로 마련하였는지 여부를 구체적으로 기재하여야 한다.
- 제3항: 최종 학력(학교명도 기재), 경력, 결혼 등의 경력을 정확하게 기재하여야 한다. 과거 경력은 근무하던 직장 등을 순서대로 기재한다.
- 제4항: 신청인의 현재까지의 생활을 되돌아보고 해당하는 사항이 있으면 기재한다.
- 제5항: 이전에 채권자들과 채무의 지급방법(분할지급 등)에 관하여 교섭을 한 경우에 기재한다. 교섭결과 합의가 성립되어 지급된 경우에는 그 지급내역을 구체적으로 기재한다. 소송·지급명령·압류·가압류명령 등을 받은 경우에는 법원명· 사건번호·상대방(소송 등을 제기한 상대방 이름)을 기재하고 법원에서 송달받은 가압류 결정문, 지급명령, 이행권고결정, 소장 등의 사본을 첨부한다.
- 제6항: 신청인이 제기한 파산신청이 타당한지 여부를 판단하는데 중요한 자료가 된다. 현재까지의 경과를 날짜 순서에 따라 구체적으로 상세하게 기재하여야 한다. 기재할 내용은 신청서와 같은 크기의(A4) 컴퓨터용지에 작성하여 진술서 바로 다음에 첨부 하여야 한다.
- 제7항: 신청서와 같은 크기(A4)의 컴퓨터용지에 작성하여 진술서 바로 다음에 첨부하여야 한다.

# 진 술 서

○○지방법원    귀중

신청인(채무자)                    (인)

신청인은 귀원 20○○하면○○호 면책사건에 관하여 다음과 같이 사실대로 진술합니다.
(다음 각 항 중 ㉠, ㉡ 중에서 해당하는 항목에 ○표를 하고 필요한 사항을 간략하게 개략적인 기재를 하여 주십시오)

제1 채무를 전부 변제하는 것이 불확실하다고 생각되기 시작한 시기와 그 이유 (상세하게 쓰시기 바랍니다. 별지를 사용하여도 됩니다.)

제2 파산선고를 받게 된 사정
  ㉠ 파산사건 심리시에 제출한 서류의 기재 및 법원에서의 진술과 같다.
  ㉡ 위 서류의 기재 및 진술에 부가 또는 정정할 것이 있다.
제3 파산선고를 받기까지 채무자의 채무변제를 위한 노력 내용
    (상세하게 쓰시기 바랍니다. 별지를 사용하여도 됩니다.)
제4 파산종결 후의 경과
 ⑴ 현재의 직업(근무처 및 직종)
 ⑵ 월수입(           )
 ⑶ 파산종결 후 채무변제의 유무
  ㉠ 있음(누구에게 얼마를 변제하였는지 여부를 구체적으로 기재하시기 바랍니다)
  ㉡ 없음
제5 현재까지의 생활 상황 등(가족 포함)
    (본인은 물론 가족들의 생활 상황을 상세히 기재하여 주십시오. 별지를 사용하여도 됩니다.)

☆ 이 진술서는 채무자 본인(면책신청인)이 직접 기재하고 날인한 후 법원에 제출하여 주시기 바랍니다.

# V. 용어해설

## 1. 가용소득

개인회생제도에서 소득 중 채무자가 매달 갚아야 하는 부분을 의미한다. 세금을 내고 남은 소득에서 법원이 인정하는 기본 생계비를 뺀 금액이다. 대법원 예규에 따르면 기본 생계비는 채무자와 그 가족이 인간다운 생활을 유지하기 위해 필요한 생계비로서, 국민기초생활보장법상 최저 생계비의 1.5배로 계산한다. 채무자가 피부양자에게 의료비를 지출해야 하는 등의 특별한 사정이 인정되면 더 많은 생계비를 인정받을 수 있다.

## 2. 면책

개인회생제도에서의 면책은 채무자가 약속한 금액을 모두 납입한 뒤 법원이 남아 있는 채무를 없애주는 것이다. 개인 파산제도에서는 법원이 파산선고를 받은 채무자의 면책 신청을 받아들여 파산자로서의 모든 불이익을 면제하고 채무를 취소하는 조치다.

## 3. 개인워크아웃

은행이나 신용카드사에서 많은 돈을 빌린 후 갚지 못해 신용불량자가 된 개인에게 신용 회복의 기회를 주기 위해 도입된 제도로서, 빚을 갚을 의지가 있으나 여력이 없는 사람들을 구제할 목적으로 2002년 10월부터 시행되었음. 현재 신용회복위원회가 운영하고 있으며, 대상은 금융기관에 연체 등록된 개인으로서 최저생계비 이상의 소득이 있는 자로서, 8년의 기간 동안 원리금을 상환하는 내용의 채무조정을 받아 신용회복지원이 확정되면 그에 따라 매월 일정 금액을 금융기관에게 안분하여 변제해 나감. 운영주체, 협약가입기관만을 대상으로 하는 점, 원칙적으로 원금의 감면이 없는 점 등에서 개인파산 및 개인회생제도와 구별됨.

## 4. 개인회생채권

채무자에 대하여 개인회생절차개시결정 전의 원인으로 생긴 재산상의 청구권으로서 일반의 우선권 있는 개인회생채권, 후순위 개인회생채권, 일반개인회생채권으로 분류됨. 채무자는 원칙적으로 개인회생채권을 대상으로 변제계획안을 작성하여 변제계획을 수행함.

## 5. 개인회생재단

개인회생절차 개시 결정 당시 채무자가 가진 모든 재산과 개인회생절차진행 중에 채무자가 취득한 재산 및 소득을 말함. 단, 압류할 수 없는 재산은 개인회생재단에 속하지 않고, 채무자의 신청에 의하여 법원이 면제재산으로 결정한 주거용 건물에 관한 임차보증금반환청구권 중 일정액 및 6개월간의 생계비에 사용할 특정한 재산은 제외함.

## 6. 개인회생재단채권

개인회생절차의 수행에 필요한 비용 또는 형평의 관념이나 사회정책적인 이유로 개인채무자회생법이 특별히 재단채권으로 인정한 채권으로서 회생위원의 보수 및 비용의 청구권, 개인회생절차개시 당시 아직 납부기한이 도래하지 아니한 원천징수하는 조세, 부가가치세, 특별소비세, 주세 및 교통세, 특별징수의무자가 징수하여 납부하여야 하는 지방세, 본세의 부과 징수의 예에 따라 부과 징수하는 교육세 및 농어촌특별세, 채무자의 근로자의 임금, 퇴직금 및 재해보상금, 채무자가 개인회생절차개시신청 후 개시결정 전에 법원의 허가를 받아 행한 자금의 차입, 자재의 구입 그 밖에 사업을 계속하는데 불가결한 행위로 인하여 생긴 청구권, 그 밖에 채무자를 위하여 지출하여야 하는 부득이한 비용청구권으로서 개인회생절차개시결정 이후에 발생한 것 등을 들 수 있으며, 개인회생재단채권은 개인회생절차에 의하지 않고 채무자가 수시로 변제하고 개인회생채권보다 먼저 변제하여야 함.

## 7. 개인회생절차폐지

채무자가 제출한 변제계획안을 인가할 수 없을 때, 채무자가 인가된 변제계획을 이행할 수 없음이 명백할 때 등 사유로 변제계획인가 전, 후 개인회생절차의 폐지가 확정되면 개인회생절차는 종료하고 개인회생채권은 절차의 구속에서 해방되어, 개인회생채권에 관하여 변제계획에 의하지 아니하고는 변제나 변제의 수령 등 채권소멸행위를 하지 못하도록 한 금지가 풀리게 되므로 채권자는 원래의 채권의 내용대로 채권을 행사하고 집행할 수 있게 됨.

## 8. 과료

일정한 재산을 납부하게 하는 형벌의 하나로 그 금액이 적고, 또 비교적 경미한 범죄(경범죄처벌법상의 범죄)에 과하여진다는 점에서 벌금과 차이가 있음. 개인회생제도에서는 후순위 개인회생채권 및 비면책채권으로 취급되며, 개인파산 및 면책제도에도 비면책채권으로 규정하고 있음.

## 9. 과태료

① 행정관청이 행정질서 위반 등의 사유로 행정처분의 일종으로서 부과하는 행정벌. 건축법, 도로교통법 등에 규정이 있으며, 대부분 국세 또는 지방세 체납처분의 예에 의하여 징수하도록 규정하고 있으며, 과태료부과처분을 다투지 않아 불복기간이 경과하여 동 처분이 확정된 경우 개인회생제도에 있어서는 우선권 있는 개인회생채권을 취급되어 변제계획안에 그 전액의 변제에 관한 사항이 정해져야 함. 다만, 과태료처분에 불복하여 법원의 재판으로 확정된 경우에는 후순위 개인회생채권으로 취급됨.
② 금전벌의 일종으로 벌금 및 과료와는 달리 형벌로서의 성질을 가지지 않으며, 과료(過料)라고 할 때도 있음. 법원의 과태료재판에 의하여 확정되고

검사의 집행명령에 의해 집행함. 개인회생제도에 있어서는 후순위 개인회생채권으로 분류되어 있으나, 비면책채권으로서 변제계획의 수행을 완료하여 면책결정을 받더라도 면책되지 않음.

## 10. 구상권

타인의 채무를 변제한 자가 그 타인에 대해 가지는 반환청구권으로서 연대채무자 중 1인이 채무를 변제하였을 경우에는 다른 연대채무자에게, 보증인이나 물상보증인이 채무를 변제한 경우에는 주채무자에게, 저당 부동산의 제3취득자가 저당권자에게 변제한 경우에는 채무자에게, 각각 상환을 청구할 수 있음.

## 11. 국세

국가가 부과·징수하는 조세로서 소득세·법인세·부가가치세·특별소비세·주세·관세·방위세·교육세·교통세 등이 있고, 지방자치단체가 부과하는 지방세와 구별됨. 개인회생제도에서는 일반의 우선권 있는 개인회생채권, 비면책채권으로 취급되고, 개인파산 및 면책제도에서도 비 면책 채권으로 취급됨.

## 12. 근저당권

계속적인 거래관계로부터 발생하는 불특정 다수의 채권을 장래의 결산기에 일정한 한도액까지 담보하기 위하여 설정하는 저당권. 채권최고액을 설정하여 그 범위 내에서는 일시적으로 채권금액이 없더라도 저당권은 여전히 유효하게 존속하는 점에서 일반 저당권과 구별됨. 보통 계속적 거래관계가 없더라도 이자 또는 지연 손해금의 발생을 염두에 두고 원금보다 일정 비율 높게 채권최고액을 설정하며, 거래실정은 대부분은 저당권이 아닌 근저당권을 설정하고 있음.

## 13. 담보부채권

일반적으로 담보가 설정된 채권을 말하며, 설정될 수 있는 담보권은 유치권, 질권, 저당권, 양도담보권, 가등기담보권, 전세권 또는 우선특권 등이 있음. 개인회생제도에서는 별제권으로 취급되어 개인회생절차에 의하지 아니하고 채권을 행사하여 변제받을 수 있고, 그러한 별제권의 행사에 의하여 변제받을 수 없는 채권액(예정부족액)에 관하여서만 개인회생채권자로서 그 권리를 행사할 수 있음. 또한 담보부채권액이 10억을 초과할 경우에는 개인회생제도를 이용할 수 없음. 개인파산 및 면책제도에 있어서도 담보부채권은 별제권으로 취급되어 파산절차에 의하지 아니하고 채권을 행사할 수 있고, 그러한 별제권의 행사에 의하여 변제받을 수 없는 채권액(예정부족액)에 관해서만 파산채권으로서 파산절차에 참가할 수 있음.

## 14. 면제재산

개인파산 및 개인회생제도에서 채무자의 파산재단 또는 개인회생재단 중 다음의 일정한 재산에 관하여 채무자의 신청에 의하여 법원은 결정으로 파산재단 또는 개인회생재단에서 제외할 수 있음.

1) 채무자 또는 그 피부양자의 주거용으로 사용되고 있는 건물에 관한 임차보증금반환청구권 중 다음의 금액
- 수도권정비계획법에 의한 수도권 중 과밀억제권역 : 1600만원
- 과밀억제권역 : 서울특별시. 인천광역시(단, 강화군, 옹진군, 중구 운남동·운북동·운서동·중산동·남북동·덕교동·을왕동·무의동, 서구 대곡동·불노동·마전동·금곡동·오류동·왕길동·당하동·원당동, 연수구 송도매립지, 남동유치지역 제외), 경기도 의정부시, 구리시, 남양주시(단, 호평동·평내동·금곡동·일패동·이패동·삼패동·가운동·수석동·지금동 및 도농동에 한함), 하남시, 고양시, 수원시, 성남시, 안양시, 부천시, 광명시, 과천시, 의왕시, 군포시, 시흥시(반월특수지역 제외)

- 광역시(군지역 및 인천광역시 지역 제외) : 1400만원
- 그 밖의 지역 : 1200만원

2) 6개월간의 생계비로 사용할 특정한 재산 중 720만원을 초과하지 않는 금액

위와 같은 면제재산결정을 받으면 해당 금액은 파산재단 및 개인회생재단을 구성하지 않아 채무자는 면제받은 재산을 처분하지 않고 면책을 받거나(개인파산 경우), 보다 유리한 변제계획안을 작성할 수 있음(개인회생 경우)

## 15. 무담보채권

담보가 설정되어 있지 채권을 말하며 개인회생제도에 있어서 무담보채권 금액이 5억을 초과할 경우 동 제도를 이용할 수 없음.

## 16. 미확정채권

개인회생제도에 있어서 변제계획상 확정되어있지 않은 개인회생채권으로서, 채무자가 개인회생채권자목록에 기재된 채권 자체에 관하여 다툼이 있어 최종 변제계획안 수정안 작성시까지 아직 확정되지 아니하였거나, 별제권자가 담보목적물에 별제권을 행사하여 피담보채권 중 얼마를 변제받고 얼마가 별제권 부족액으로 남아 개인회생채권으로 인정될지 여부가 불확실한 경우, 그리고 임대차보증금 반환채권 특히 그 중 우선변제권으로써 확보되는 금액 외의 채권액이 임대차기간 만료 시에 얼마로 정해질지 불확실한 경우 등을 들 수 있음.

## 17. 별제권

파산법상 파산재단에 속하는 재산상에 설정되어 있는 유치권, 질권, 저당권

또는 전세권을 별제권이라고 하며 파산법상의 별제권 규정들은 개인회생절차에 준용되므로 개인회생절차를 신청한 채무자의 개인회생재단에 속하는 재산상에 유치권, 질권, 저당권, 전세권을 설정한 채권자는 회생절차의 변제계획에 의하지 않고 그 권리를 행사하여 자신의 채권의 만족을 받을 수 있고, 그러한 권리행사에 의하여 변제를 받을 수 없는 채권액에 관해서만 회생채권자로서 그 권리를 행사할 수 있음.

## 18. 배드뱅크

금융기관의 방만한 운영으로 발생한 부실자산이나 채권만을 사들여 별도로 관리하면서 전문적으로 처리하는 구조조정 전문기관으로서, IMF 구제금융 이후 개인신용불량자가 급증하여 사회문제로 대두됨으로써 한국자산관리공사가 관리하는 한마음금융에서 신용불량자 구제책의 일환으로 배드뱅크 프로그램을 2004년 5월 20일부터 11월 20일까지 한시적으로 운영하다가 2005년 5월 16일부터 국민기초생활보장수급자를 대상으로 2차 배드뱅크 프로그램을 시행하고 있음.

## 19. 부인권

파산선고 전 파산자가 파산채권자를 해하는 행위를 한 경우 그 행위의 효력을 파산재단에 대한 관계에 있어서 부인하고 일탈된 재산을 파산재단에 회복하기 위하여 파산관재인이 행하는 권리로서 파산재단의 충실을 기하기 위한 도산법 특유의 제도임. 파산관재인은 파산선고가 있은 날부터 2년, 부인대상 행위가 있었던 날로부터 10년 이내 부인권을 행사해야 함. 개인회생제도에 있어서도 파산제도에서의 부인권을 준용하고 있으나, 부인대상 행위의 시점이 개인회생절차 개시결정 전이라는 점, 개인회생채무자가 부인권을 행사한다는 점, 소멸시효 기간은 개인회생 절차개시결정 후 1년, 부인대상 행위를 한 날로부터 5년 이내 행사해야 한다는 점에 차이가 있음.

## 20. 복권

파산자가 면책이 불허되었거나, 면책신청을 기간 내에 신청하지 못한 경우에 변제 기타 방법에 의하여 파산채권자에 대한 채무의 전부에 관하여 채무를 면한 때(변제. 면제. 상계 등)에는 파산자의 신청과 법원의 심리(재판)를 통해 복권결정을 할 수 있고, 그 결과 파산자는 파산선고 전의 상태로 돌아가 파산선고의 불이익이 제거됨. 채무를 면하여 파산자의 신청에 의해 복권결정이 이루어진다는 점에서, 면책결정이 확정되거나 파산선고 후 10년을 경과한 경우 파산자의 신청 없이 복권되는 당연복권제도와 구별됨.

## 21. 압류

집행기관으로서의 법원에 의해 채무자의 특정재산에 대한 사실상 또는 법률상 처분이 제한되는 강제집행으로서, 부동산은 경매개시결정의 등기 또는 경매개시결정문의 채무자에의 송달로 실시하고, 채권 그 밖의 재산권의 압류는 법원의 압류명령(보통 채권압류 및 추심(전부)명령)에 의하고, 유체동산의 경우 집행관이 물건을 점유하거나 봉인 기타 방법에 의해 행해짐. 압류는 압류 목적물의 환가절차를 통해 궁극적으로는 채권의 만족을 목적으로 하는 점에서, 채무자의 재산을 확보하여 강제집행의 실효성을 보전하는 것을 목적으로 하는 가압류·가처분과 구별됨.

## 22. 양도담보

채권자와 채무자가 금원 대여 등 금전소비대차계약을 체결하고 그 대금반환채무를 담보하기 위하여 장래 채무불이행이 있는 경우 채무자 또는 제3자의 소유 부동산의 소유권을 이전하기로 약정하여 이를 확보하기 위해 채무자 또는 제3자 소유 부동산을 채권자에게 소유권이전등기를 경료 하는 방식의 비전형담보. 채권자 입장에서는 채권담보의 기능 이외에 임의경매 등

법원에 의하지 않고 직접 담보부동산의 소유권을 취득함으로서 담보권을 실행하는 편이가 있었으나, 1983. 12. 30. 가등기담보등에관한법률이 제정되어 위와 같은 담보권실행에 제한을 두고, 양도담보권을 저당권과 유사하게 취급하는 등 청산에 있어서 많은 제한을 두고 있음.

## 23. 장래의 구상권

채무자의 보증인, 연대채무자 등이 채무자의 채무를 변제 기타의 출재행위로 소멸케 할 경우 구상권이 발생할 수 있는데, 이러한 보증인, 연대채무자 등이 변제하기 전 채무자에 대해 갖는 권리를 말함. 파산 및 개인회생에 있어서 채무자의 보증인, 연대채무자 등이 있는 경우 이들은 장래의 구상권자로서 채권자목록에 기재하게 됨.

## 24. 저당권

채무자 또는 제3자(물상보증인)가 채무를 담보하기 위하여 제공한 부동산 또는 부동산물권(지상권, 전세권)을, 채권자가 이를 인도받지 않고 저당권설정등기를 통해 그 담보가치만을 파악하여, 채무불이행이 있는 경우 그 목적물로부터 우선변제를 받는 담보 물권으로서, 목적물의 인도를 받는 담보물권인 질권과 구별됨. 보통은 채권최고액을 설정하여 근저당권을 설정함.

## 25. 전부명령

채무자가 제3채무자에 대하여 가지는 압류한 금전채권을 집행채권과 집행비용청구권의 변제에 갈음하여 압류채권자에게 이전시키는 채권 강제집행의 한 방법으로, 이러한 전부명령으로 압류채권자는 만족을 얻게 되며 다른 채권자의 배당가입이 허용되지 않고 압류채권자가 우선적 변제를 받을 수 있다는 점에서 추심명령과 구별됨. 개인회생제도에 있어서 채무자의 변제의 재원인 급여에 전부명령이 된 경우 그 압류 및 전부된 급여청구권은 채권자에게 이전되어, 나머지 급여만으로 개인회생을 신청해야 함으로 급여에 전부명령이 들어온 채무자는 사실상 개인회생제도를 이용할 수 없었으나, 통합도산법은 이러한 경우 전부명령의 효력을 제한하여, 변제계획인가결정 후 제공한 노무로 인한 부분에 대한 전부명령은 그 효력이 상실되고 전부채권자가 변제받지 못하게 되는 채권액은 개인회생채권액으로 보도록 규정하고 있음.

## 26. 전세권

전세금을 지급하고 타인의 부동산을 일정기간 그 용도에 따라 사용·수익한 후, 그 부동산을 반환하고 전세금의 반환을 받는 권리로서 현행 민법상 전세권은 등기를 한 전세권에 한하고, 등기 하지 않은 이른바 채권적 전세권은 민법상 임차권으로서 임대차계약에 관한 규정이 적용되며, 주택인 경우 주택임대차보호법, 상가인 경우 상가건물임대차보호법에 의해 일정한 경우 보증금을 우선변제 받을 수 있도록 규정하여 국민의 주거생활 안정, 영세상인의 재산권을 보호하고 있음.

## 27. 조건부채권

법률효과의 발생 또는 소멸이 조건의 성부(成否)에 달려있는 채권으로서 현재까지 성립하고 있지 않으나 장래 성립할지도 모른다는 기대가 걸려있는 채권(정지조건부채권)과 현재 성립하고 있으나 장래 소멸될지도 모른다는 기대를 가지고 있는 채권(해제조건부채권)의 2종류가 있음.

## 28. 종국판결

소 또는 상소에 의하여 계속된 소송사건의 전부 또는 일부에 관해 당해 심급을 완결시키는 판결. 판결이 확정되어 더 이상 불복할 수 없는 확정판결과 구별되며, 상소에 의해 소송이 진행 중이라도 제1심 판결은 종국판결에 해당함.

## 29. 중지, 금지명령

개인회생절차개시 신청이 있은 경우 필요하다고 인정하는 때에는 법원은 이해관계인의 신청 또는 직권으로 개인회생절차개시결정시까지 채무자에 대한 파산절차 또는 화의절차, 개인회생채권에 기하여 채무자의 업무 및 재산에 대하여 한 강제집행, 가압류 또는 가처분, 채무자의 업무 및 재산에 대한 담보권의 실행을 위한 경매, 소송행위를 제외하고 개인회생채권을 변제받거나 변제를 요구하는 일체의 행위의 중지 또는 금지를 명할 수 있음. 중지명령은 이미 진행 중인 절차의 계속을 금지하는 것이고, 금지명령은 아직 개시되지 아니한 행위의 개시를 제한하는 것임. 개인회생채무자가 채권자의 강제집행이 우려되는 경우 또는 이미 진행되고 있는 강제집행을 저지하기 위해 신청하는 것이 일반적이며, 통합도산법은 중지, 금지명령의 대상을 국세 또는 지방세 체납처분까지 확대하였음.

## 30. 질권

채권자가 그 채권의 담보로서 채무자 또는 제3자(물상보증인)로부터 받은 물건 또는 재산권을 점유하고, 채무의 변제가 있을 때까지 유치함으로써 채무의 변제를 간접적으로 강제하는 동시에, 채무의 변제가 없는 때에는 그 목적물로부터 우선적으로 변제를 받는 담보물권. 질권의 목적물에 따라 동산을 목적으로 하는 동산 질권과 채권 기타 재산권을 목적으로 하는 권리질권으로 구별됨. 파산 및 개인회생에서는 질권이 설정된 채권을 별제권으로 취급하여 파산 및 개인회생절차에 의하지 아니하고 질권을 행사할 수 있도록 규정하고 있음.

## 31. 지방세

국세와 대립되는 개념으로 지방자치단체가 공공경비를 조달하기 위하여 지방세법에 근거해 부과·징수하는 조세로서 특별시·광역시세, 도세, 시·군세, 구세로 나누어지며 용도에 따라 일반 경비충당금인 보통세와 특정 경비충당금인 목적세로 구분됨. 개인회생제도에서는 일반의 우선권 있는 개인회생채권, 비면책채권으로 취급되고, 개인파산 및 면책제도에서도 비면책채권으로 취급됨.

## 32. 지연손해금

채무의 이행이 지연되었기 때문에 발생한 손해금으로 예를 들면 가옥의 인도가 지연된 경우에 이행 지체한 기간 동안의 임료상당액을 말함. 특히 금전지급의무를 지체한 경우 실제 손해발생 여부를 묻지 않고 지연손해금을 청구할 수 있으며, 그 손해금 산정은 약정이율에 의하고, 약정이율이 없는 경우 법정이율에 의해 산정함. 민법상 법정이율은 연 5%이고, 상법상 법정이율은 연 6%임.

## 33. 집행권원

채권자와 채무자 사이의 급부청구권이 있음을 표시하고, 강제집행에 의해 이를 실현시키는 집행력을 법률상 인정하는 공적인 문서로서, 집행권원의 종류에는 확정된 종국판결과 가집행선고 있는 종국판결, 확정된 지급명령, 확정된 이행권고결정, 채무자의 집행수락을 기재한 공정증서인 집행증서, 재판상의 화해조서, 청구의 인낙조서, 가사조정조서, 민사조정조서 등이 있음.

## 34. 청산가치

개인회생에 있어서 채무자가 파산하는 경우 파산절차에서 채권자에게 배당할 수 있는 가치를 말하며, 개인회생절차에 있어서는 최소한 신청인이 파산하는 경우 채권자에게 배당할 수 있는 가치 이상을 보장해 주어야 한다는 원칙을 청산가지 보장원칙이라고 함. 청산가치를 만족시키는지 여부를 판단하기 위해서는 신청인이 변제계획의 수행을 통해 변제할 금원이 현재 재산 합계액을 초과하는지 비교하여 판단해야 하는데, 신청인이 변제계획을 통한 총변제예정액은 명목상의 합계액에 불과하고 중간이자를 감안하지 않은 금액이므로 단순히 명목상의 총변제예정액과 재산합계액을 비교해서는 안되며, 중간이자를 공제하여 판단 총변제예정액의 현재가치와 재산합계액을 비교하여 전자가 후자를 상회해야 청산가치가 만족되었다고 할 수 있음. 만일, 신청인에게 재산이 많아 총변제예정액의 현재가치가 재산합계액을 초과하지 못할 경우, 신청인은 청산가치 만족을 위해 가용소득을 통한 변제 이외에 재산을 처분하여 변제를 해야 함. 변제계획안을 작성하는데 있어서 이러한 원칙을 준수하지 못할 경우 변제계획안이 인가될 수 없음.

## 35. 최저생계비

국민이 건강하고 문화적인 생활을 유지하기 위하여 소요되는 최소한의 비용을 말하며, 국민기초생활보장법은 보건복지부 장관이 일반국민의 소득, 지출수준과 수급권자의 생활실태, 물가수준 등을 고려해 매년 12월1일까지 중앙생활보장위원회의 심의, 의결을 거쳐 최저생계비를 결정, 공표하도록 규정하고 있음.

## 36. 파양

이미 성립한 양친자관계를 소멸시키는 행위로서 협의파양과 재판상파양이 있음.

## 37. 지급불능

파산 원인 중 하나로서 채무자가 변제능력이 부족하여 변제기가 도래한 채무를 일반적·계속적으로 변제할 수 없는 객관적 상태에 있는 경우를 말함. 지급불능이란 반드시 채무자의 채무가 재산을 초과하는 채무초과상태를 의미하는 것은 아니며, 채무자의 재산, 노동력, 신용으로 채무를 변제하는 것이 객관적으로 불가능한 상태로서, 채무자의 연령, 직업, 기술, 건강, 재산 및 부채의 규모 등을 종합적으로 고려하여 판단함.

## 38. 파산원인

파산의 실질적 요건으로서 지급불능과 채무초과를 의미함. 지급불능은 채무자가 변제능력이 부족하여 변제기가 도래한 채무를 일반적·계속적으로 변제할 수 없는 객관적 상태에 있는 경우를 말하고, 채무초과는 인적회사(합명회사, 합자회사)를 제외한 법인과 상속재산에 특유한 파산원인으로서 부채 총액이 자산의 총액을 초과하는 것을 말하며, 부채와 자산의 개념은 반드시 회계상의 개념과 일치하지는 않음. 개인파산제도에서는 지급불능만이 문제되며, 개인회생제도에서는 지급불능 또는 그러한 염려가 있어야 함.

## 39. 가압류 적립금

일반적으로 채무자의 급여에 가압류가 집행된 경우, 제3채무자(사용자)가 채무자에게 지급하지 아니하고 공탁도 하지 않은채 유보해 놓은 급여를 말함. 급여 가압류가 있는 경우 제3채무자는 급여지급의무를 면할 수는 없지만 가압류의 효력으로 채무자에 대한 급여 지급이 금지되므로, 제3채무자는 보통 이를 지급하지 아니하고 일정기간 이를 유보해 놓은 뒤 법원에 공탁을 하고 있으며, 개인회생에 있어서는 이를 재산으로 파악하여 청산가치 산정에 이를 포함시키며, 채무자는 적립금을 수령하여 일시에 조기 변제하는 내용으로 변제계획안을 작성할 수 있음.

## 40. 면책불허가사유

개인파산에 있어서 파산선고 후 면책절차에서 면책을 허가 할 수 없는 사유를 말하며, 통합도산법은 다음을 면책불허가사유로 규정하고 있음. 다만 면책불허가사유가 있는 경우 법원은 반드시 면책불허가결정을 해야 하는 것은 아니며, 파산에 이르게 된 경위, 그 밖의 사정을 고려하여 상당하다고 인정되는 경우에는 면책을 허가할 수 있음.
① 파산자가 자기 재산을 숨기거나 다른 사람 명의로 바꾸거나 헐값에 팔아버린 행위
② 파산자가 채무를 허위로 증가시키는 행위
③ 파산자가 낭비 또는 도박 등을 하여 현저히 재산을 감소시키거나 과대한 채무를 부담하는 행위
④ 파산자가 현저히 불리한 조건으로 채무를 부담하거나 신용거래로 구입한 상품을 현저히 불리한 조건을 처분하는 행위
⑤ 파산자가 파산원인인 사실이 있음을 알면서 어느 채권자에게 특별한 이익을 줄 목적으로 파산자의 의무에 속하지 않거나 그 방법 또는 시기가 파산자의 의무에 속하지 않는데도 일부 채권자에게만 변제하거나 담보를 제공하는 행위 (아직 변제기가 도래하지 않은 일부 채권자에게만 변제하거나 원래 대물변제 약정이 없는데도 일부 채권자에게 대물변제하는 행위를 포함)
⑥ 파산자가 허위의 채권자명부를 제출하거나 법원에 대하여 그 재산 상태에 관하여 허위의 진술을 하는 행위
⑦ 개인파산을 통해 면책을 받아 그 면책허가결정 확정일부터 7년이 경과되지 아니하거나, 개인채무자회생절차에서 면책을 받아 그 면책허가결정 확정일부터 5년이 경과되지 않은 경우

## 41. 주 채무자

보증채무에 의해 담보된 채무를 주채무라고 하고, 이러한 주채무를 부담하는 자를 주채무자라고 함.

## 42. 연대보증

보증인이 주채무자와 연대하여 채무를 부담함으로써 주채무의 이행을 담보하는 보증채무를 말함. 주채무와 보증채무간에 보충성이 없다(즉 채권자는 어느 연대보증인에 대해서도 주채무의 전액을 청구할 수 있다)는 점에서 단순한 보증채무와 구별되며 할 수 있음. 거래현실은 보증계약의 대부분이 연대보증계약임.

## 43. 연대채무

수인의 채무자가 각각 독립하여 채무전부를 이행할 의무가 있고, 채무자 1인이 전부 이행하면 다른 채무자의 채무도 소멸하는 다수당사자의 채무관계를 말함. 채무자 1인이 이행하면 다른 연대채무자에 대하여 그 부담부분을 한도로 한 구상권이 발생하며, 부담부분은 연대채무자들 상호간 정함이 없는 경우 균등한 것으로 추정됨.

## 44. 강제집행

사법상 청구권의 국가권력에 의한 강제적 실현절차로 사법상 채무불이행자에 대하여 채권자의 사적구제는 허용되지 않고, 법원에 소를 제기하여 판결을 받거나, 집행증서에 의하여 집행기관에 강제집행을 신청하여야 함. 강제집행은 크게 직접강제, 대체집행, 간접강제로 구분되며, 금전채권의 직접강제는 강제집행의 대상에 따라 부동산경매, 채권압류 및 추심(전부)명령, 유체동산경매 등이 있음.

## 45. 가압류

보전처분의 하나로서 금전채권 또는 금전으로 환산할 수 있는 채권에 있어서, 판결문 등 집행권원 취득 후 강제집행에 착수할 때까지 채무자의 재산

은닉, 도망 등의 사실발생으로 판결의 집행이 불가능하거나 현저히 곤란하게 될 염려가 있는 경우 일시 채무자의 재산을 확보하여 강제집행을 보전하기 위한 것으로 크게 가압류 목적물에 따라 부동산가압류, 채권가압류, 유체동산가압류 등으로 나뉨. 금전채권을 보전하기 위한 점에서 특정한 청구권을 보전하기 위한 가처분과 구별됨.

## 46. 가처분

보전처분의 하나로서, 금전채권 이외에 특정한 청구권에 있어 현상이 바뀌면 당사자가 권리를 실행하지 못하거나 이를 실행하는 것이 매우 곤란할 염려가 있는 경우 또는 계속하는 권리관계에 끼칠 현저한 손해를 피하거나 급박한 위험을 막기 위한 경우 특정한 청구권의 실행에 있어서 그 실효성을 확보하기 위한 것으로, 계쟁물에 관한 가처분(부동산처분금지가처분, 점유이전금지가처분 등)과 임시의 지위를 정하는 가처분(직무정지가처분 등)이 있음. 특정한 청구권을 보전하기 위한 점에서 금전채권의 보전을 위하는 가압류와 구별됨.

## 47. 담보권실행경매

민사집행법상 강제집행절차의 하나로서, 채무자의 재산에 전세권, 질권, 저당권 등의 담보권이 설정되어 채무자의 채무불이행이 있는 경우 법원의 재판절차 없이 담보권에 기하여 집행법원에 경매를 신청할 수 있는 바, 이러한 경우의 경매를 담보권실행경매라고 하며, 담보권 없는 채권자가 집행권원에 의하여 실행하는 강제경매와 구별됨.

## 48. 체납처분

행정상 강제집행의 하나로서, 국민이 국가 또는 지방자치단체에 대하여 부담하고 있는 공법상의 금전급부의무를 이행하지 아니하는 경우에 행정청이 강제적으로 의무가 이행된 것과 같은 상태를 실현하는 처분 및 그 집행을 말함. 대표적으로 국세징수법에 의한 국세체납처분을 들 수 있고 다른 법률에서는 대부분 국세징수법의 예에 의한다고 하여 이를 준용하고 있음. 국세체납처분은 독촉, 압류, 환가, 배분 절차로 구성되며, 특히 이중에서 압류, 환가, 배분절차를 체납처분이라고 함. 통합도산법은 개인회생에서 중지·금지의 대상으로 체납처분을 추가하여, 체납처분이 진행되고 있거나 그러한 우려가 있는 경우 채무자는 중지 또는 금지명령을 신청하여 체납처분을 중지 또는 금지시킬 수 있음.

## 49. 보전처분

좁은 의미로는 파산, 개인회생 등에 있어서 그 목적을 달성하기 위해 파산재단, 개인회생재단을 구성하는 재산에 대한 은닉, 처분행위나 이해관계인의 권리행사를 막고 이를 보전하기 위한 법원의 처분을 말하나, 넓은 의미로는 장래의 강제집행을 보전하거나 권리확정시까지 현재의 위험을 제거하기 위한 잠정적이고 임시적인 법원의 처분으로서 그 종류로는 가압류, 계쟁물에 관한 가처분, 임시지위를 정하는 가처분이 있음.

## 50. 개인회생채권조사확정재판

개인회생에 있어서 채무자가 제출한 개인회생채권자목록의 내용에 관하여 이의가 있는 채권자가 이의를 제기하고 이에 대하여 법원이 재판을 하는 절차를 말함. 개인회생채권자가 자신의 개인회생채권의 내용에 관하여 개인회생채권조사확정재판을 신청하는 경우에는 채무자를 상대방으로 하고, 다른 개인회생채권자의 채권내용에 관하여 개인회생채권조사확정재판을 신청하는 경우에는 채무자 및 다른 개인회생채권자를 상대방으로 하여야 하며, 법원은 이의 신청자에 대하여 반드시 심문을 거친 후 이의 있는 회생채권의 존부와 내용을 정함.

## 51. 일반의 우선권 있는 개인회생채권

개인회생에 있어서 일반 개인회생채권보다 변제에 있어서 우선하는 지위를 갖는 개인회생채권. 모든 개인회생채권은 평등한 것이 원칙이나 통합도산법은 채권의 성질이나 다른 채권자와의 형평성을 고려하여 일정한 경우 변제에 우선권을 인정하고 있는 바, 구체적으로는 국세징수법 또는 국세징수의 예에 의하여 징수할 수 있는 청구권(국세, 지방세 등 지방자치단체의 징수금, 관세 및 가산금, 건강보험료, 산업재해보상보험료 등)을 말함. 개인회생 변제계획에는 일반의 우선권 있는 개인회생채권 전액의 변제에 관한 사항이 정해져야 함.

## 52. 변제예정액표

법원의 개인회생 변제계획안 양식 중 일반 개인회생채권자에 대한 변제에 있어서 일반 개인회생채권의 원금 액수를 기준으로 월 평균가용소득을 안분하여 산출한 금액을 각 채권자에게 변제하게 하는데, 그 내용을 일목요연하게 설명할 수 있도록 별지로 작성하게 한 표를 말함. 재산처분에 의한 변제의 경우에도 변제예정액표가 작성되어야 함.

## 53. 비면책채권

파산이나 개인회생에 있어서 면책결정이 확정되어도 면책의 효력이 미치지 않는 채권으로서 통합도산법은 다음의 채권을 비면책채권으로 규정하고 있음.

① 조세 등의 청구권
② 벌금·과료·형사소송비용·추징금 및 과태료
③ 채무자가 고의로 가한 불법행위로 인한 손해배상

④ 채무자가 중대한 과실로 타인의 생명 또는 신체를 침해한 불법행위로 인하여 발생한 손해배상
⑤ 채무자의 근로자의 임금·퇴직금 및 재해보상금, 임치금 및 신원보증금
⑥ 채무자가 양육자 또는 부양의무자로서 부담하여야 할 비용

위 채권 이외에 개인파산의 경우 채무자가 악의로 채권자목록에 기재하지 아니한 청구권(다만, 채권자가 파산선고가 있음을 안 때에는 그러하지 아니함), 개인회생의 경우 개인회생채권자목록에 기재되지 아니한 청구권을 별도로 비면책채권으로 규정하고 있음.

## 54. 지급명령

금전 기타의 대체물 또는 유가증권의 일정수량의 지급을 목적으로 하는 청구권에 관하여, 법원은 채권자의 일방적 신청이 있으면 채무자를 신문하지 않고 채무자에게 그 지급을 명하는 재판을 할 수 있는데 이러한 경우의 재판을 지급명령이라고 하고, 그러한 재판절차를 독촉절차라고 함. 지급명령은 금전채권 등이 있는 경우에만 신청할 수 있으며, 채무자는 법원의 지급명령을 송달받은 날로부터 2주 이내 지급명령에 대한 이의신청을 할 수 있고, 적법한 이의신청이 있는 경우 독촉절차는 소송으로 이행됨. 채무자의 이의신청이 없거나 이의신청이 각하 또는 취하된 경우 지급명령은 확정판결과 동일한 효력이 있어 이를 집행권원으로 하여 강제집행을 할 수 있음.

## 55. 중간이자

장래 일정한 시기에 일정한 가액을 취득할 채권의 현재가치를 산정하는데 있어서 장래 취득할 가액에서 공제해야 할 이자를 말하여 이를 산정하는 방식은 Hoffman식, Leibniz식, Garpzow식이 있는데 일반적으로 Hoffman식 계산법이 사용됨. 개인회생에서는 가용소득으로 최장 5년간 변제하는

내용으로 변제계획안을 작성하므로 현재에 있어서 향후 5년까지의 총 변제예정액의 현재가치를 계산할 경우 중간이자를 공제하여 청산가치와 비교하여 청산가치가 보장되는지를 판단하고 있으며, 중간이자 계산식은 개인회생채권자에게 보다 유리하도록 Leibniz방식에 의하고 있음

## 56. 후순위 개인회생채권

개인회생에 있어, 일반 개인회생채권보다 변제에 있어서 열후한 지위를 갖는 개인회생채권. 모든 개인회생채권은 평등한 것이 원칙이나 개인채무자회생법은 채권의 성질이나 다른 채권자와의 형평성을 고려하여 일정한 경우 후순위로 변제하도록 규정하고 있는 바, 구체적으로 개인회생절차 개시결정 후의 이자, 개인회생절차 개시결정 후의 불이행으로 인한 손해배상액 및 위약금, 개인회생절차참가비용, 벌금, 과료, 형사소송비용, 추징금 및 과태료 등을 들 수 있음.

## 57. 사물관할

소송사건의 제 1심을 사건의 경중에 따라 합의부와 단독판사간에 분담시킨 것으로 민사소송의 경우 소가가 1억원 이하의 사건은 단독판사 관할이며, 어음수표사건, 금융기관 등이 원고가 된 대여금, 구상금, 보증금 청구사건은 액수와 상관없이 단독판사 관할임.

## 58. 파산관재인

파산재단에 속하는 재산의 관리를 행하는 파산절차상의 공적인 기관으로서, 부인권을 행사하여 파산재단을 증식하고, 재단에 속하는 재산을 관리처분하여 금전으로 바꾸는 한편, 채권조사에 있어서 부당한 파산채권의 주장에 이의를 진술하고 정당하게 배당에 참가하는 자격을 가진 채권자에 대하여 재단의 환가금을 배당하는 등 파산절차에서 가장 핵심적인 임무를 행함.

## 59. 후견인

미성년자, 한정치산자, 금치산자를 보호, 교양하고 그 자의 행위를 대리하며, 재산을 관리하는 법정대리인. 미성년자의 경우 친권자가 없거나 친권자가 법률행위의 대리권 및 재산관리권을 행사할 수 없는 때 후견이 개시되며, 한정치산자, 금치산자의 경우 한정치산선고 또는 금치산선고가 있는 때 후견이 개시됨. 취임절차에 따라 지정후견인, 법정후견인, 선임후견인으로 구별됨.

## 60. 유언집행자

유언의 내용을 실현하기 위하여 필요한 행위를 할 직무와 권한을 가진 자로서, 유언자는 유언으로 유언집행자를 지정할 수 있고, 그 지정을 제3자에게 위탁할 수 있음. 지정된 유언집행자가 없는 때에는 상속인이 유언집행자가 됨.

## 61. 권리능력

권리의 주체가 될 수 있는 지위 또는 자격을 말하며, 인격이라고도 함. 민사상 권리의 주체는 사람인 자연인과 일정한 단체 즉, 사단 또는 재단로서 법인격을 취득한 법인이 있음.

## 62. 행위능력

단독으로 유효한 법률행위를 할 수 있는 지위 또는 자격을 말하며, 이러한 지위 또는 자격이 없는 자를 행위무능력자라고 함. 민법상 미성년자, 한정치산자, 금치산자는 행위무능력자로서 일정한 경우 그 법률행위를 취소할 수 있도록 규정하여 행위무능력자를 보호하고 있음.

## 63. 소송능력

소송의 당사자로서 유효하게 소송행위를 하거나 소송행위를 받기 위해 갖추어야 할 능력을 말하며, 민사소송법은 민법상 행위능력자를 소송능력자로 규정하고 있으므로, 미성년자, 한정치산자, 금치산자는 소송능력이 없어 독립하여 유효한 소송행위를 할 수 없음.

## 64. 법정대리인

법률의 규정에 의해 대리권이 부여된 자로서, 친권자, 법정후견인과 같이 본인에 대해 일정한 지위에 있는 자가 대리인이 되는 경우, 지정후견인, 지정유언집행자 등과 같이 본인 이외의 일정한 지정권자의 지정으로 대리인이 되는 경우, 부재자재산관리인, 상속재산관리인, 선임유언집행자와 같이 법원이 선임하는 자가 대리인이 되는 경우 등으로 분류될 수 있음.

## 65. 심문

당사자 간의 대립적인 주장, 입증에 의한 변론에 의하지 아니고, 당사자, 이해관계인 기타 참고인에게 적당한 방법으로 서면 또는 구술로 개별적으로 진술할 기회를 부여하는 것. 대립적인 변론을 들을 필요는 없지만, 신청인의 상대방 그 밖의 이해관계인으로부터 사정을 들어 그 이익을 고려하기 위하여 행해짐.

## 66. 자연인

민법상 권리능력이 인정되는 인간을 의미하며, 일정한 단체로서 법인격을 취득한 법인과 상대되는 개념임.

## 67. 동시폐지

파산선고 후 청산절차에 들어가지 않고 파산의 목적을 달성하지 못한 채 파산절차를 종결하는 것을 말하며, 폐지결정은 파산선고와 동시에 하므로 보통 동시폐지결정이라고 함. 폐지원인에는 총파산채권자의 동의에 의한 폐지와 절차비용 부족으로 인한 폐지가 있고, 개인파산에 있어서는 청산절차를 진행할 절차비용이 없는 경우가 대부분이므로, 파산선고와 동시에 파산을 폐지하고 면책신청에 따라 면책심리에 들어가게 됨.

## 68. 대물변제

채무자가 부담하고 있는 본래의 급부에 갈음하여 다른 급부를 현실적으로 행함으로써 채권을 소멸시키는 채권자와 채무자 사이의 계약을 말함. 장래 본래의 급부에 갈음하여 다른 급부를 할 것을 약정하는 경우는 대물변제의 예약으로서 일종의 담보제도로 이용되고, 특별한 사정이 없는 한 원래의 채권이 소멸되지 않으며, 금전소비대차와 관련하여 대물변제 예약을 한 경우 민법상 일정한 제한이 있음.

## 69. 피보험자

손해보험에 있어서 보험사고로 인해 이익을 받을 주체로서 손해의 보상을 받을 권리를 갖는 자를 말하고, 인보험에서는 생명 또는 신체에 관하여 보험에 붙여진 자를 말함.

## 70. 보험수익자

인보험에 있어서 보험사고 발생시 보험자에 대하여 보험금지급청구권을 갖는 자를 말하며, 손해보험에서는 피보험자가 보험금지급청구권을 가지므로 별개의 보험수익자는 존재하지 않음.

## 71. 약관대출

보험계약자가 가입한 보험 해약환급금을 담보로 그 범위 내에서 수시로 대출받을 수 있는 제도.

## 72. 소명

법관의 심증 정도에 있어 일응 확실할 것이란 추측을 얻은 상태를 말하며, 법관이 사실의 존재에 대한 확신을 얻은 상태인 입증보다는 낮은 개연성이 있는 경우를 의미함. 소명은 파생적인 절차의 처리, 신속한 처리를 요하는 사항(공시송달, 가압류, 가처분)등 법률에 특별 규정이 있는 경우에 한함.

## 73. 채권양도

채권자(양도인)와 양수인간의 계약으로 채권자의 채권을 양수인에게 이전하는 것을 말하며, 채권양도를 채무자에게 주장하기 위해서는 채무자에게 이를 통지하거나 채무자가 이를 승락해야 하고, 채무자이외의 제3자(가압류채권자 등)에게 대항하기 위해서는 채권양도에 대해 채무자에 대한 통지 또는 채무자의 승락이 확정일자 있는 증서(보통 내용증명)에 의해야 함.

## 74. 집합건물

1동의 건물 중 구조상 구분된 수개의 부분이 독립한 건물로서 사용될 수 있을 때에는 그 각 부분은 집합건물의 소유 및 관리에 관한 법률이 정하는 바에 따라 각각 소유권의 목적으로 할 수 있는데 그러한 경우의 건물을 집합건물이라고 함. 일반적으로 아파트, 연립주택, 다세대주택은 집합건물로 등기되나, 단독주택, 다가구주택은 집합건물이 아니며 토지와 건물 별도로 등기부가 편성됨.

## 75. 확정일자

증서에 대하여 그 작성된 일자에 관한 완전한 증거력을 부여하는 것으로 법률상 인정되는 일자로서, 이는 일자를 소급시켜 증서를 작성하는 것을 방지하기 위하여 인정된 제도임. 내용증명우편의 일자와 같이 공무소에서 사서증서에 어떤 사항을 기입하고 이에 일자를 기재한 경우의 일자, 법원서기 또는 공증인사무소에서 사서증서에 일자 있는 인장을 날인한 경우의 일자, 공정증서의 일자 등을 예로 들 수 있음. 주택임대차보호법에 따른 확정일자는 관할 동사무소에서도 신청할 수 있으나, 상가건물임대차보호법에 따른 확정일자는 관할 세무서장으로부터 받아야 함.

## 76. 개인회생위원

개인회생에 있어, 법원의 감독을 받아 채무자의 재산 및 수입의 상황, 개인회생채권의 존부 및 채권액 등을 신속, 정확하게 조사하고 채무자가 적정한 변제계획안을 작성하도록 필요한 권고를 하며 변제계획의 수행을 감독하는 등 개인회생절차가 적정하고 원활하게 진행될 수 있도록 법원을 보좌하는 업무를 수행하는 자를 말함. 법원이 개인회생위원을 선임할 때에는 회생위원의 보수를 결정하여야 하고, 개인회생위원의 보수는 개인회생재단채권으로서 개인회생채권보다 우선하여 수시로 변제되어야 함. 그러나 현재 법원공무원을 개인회생위원으로 선임하여 운영하고 있어 원칙적으로 개인회생위원의 보수는 문제되지 않음.

## 77. 직계존속

직계비속에 상대되는 개념으로, 부모, 조부모와 같이 본인을 출산하도록 한 친족을 말함. 직계비속과 직계존속을 합하여 직계혈족이라고 함.

## 78. 직계비속

직계존속에 상대되는 개념으로, 자, 손과 같이 본인으로부터 출산된 친족을 말함. 직계비속과 직계존속을 합하여 직계혈족이라고 함.

## 79. 거소

사람이 다소의 기간 계속하여 거주하는 장소로서 그 장소와의 밀접한 정도가 주소만 못한 곳을 말함. 민법은 주소를 알 수 없을 때, 국내 주소가 없는 자에 대하여 각각 거소를 주소로 보고 있음.

## 80. 대부료

국유재산 중 잡종재산에 대하여 국가와 사인간의 대부계약에 기하여 사인이 국가에게 그 사용수익의 대가로 지급하는 대금. 대부료 및 그 연체료를 기한 내 납부하지 않는 경우 국가는 국세징수법의 체납처분의 예에 의하여 강제 징수할 수 있음.

## 81. 변상금

국유재산의 대부 또는 사용, 수익허가 등을 받지 아니하고 국유재산을 점유하거나 이를 사용, 수익한 자에 대해 당해 재산에 대한 대부료 또는 사용료의 100분의 120에 상당하는 징벌적 의미의 행정처분. 변상금을 납부하지 않으면 국가는 국세징수법의 체납처분에 예에 의하여 강제 징수할 수 있음.

## 82. 파산재단

파산절차에 있어서 배당에 의하여 총파산채권자에게 변제하여야 할 파산자의 재산을 말하며, 구체적으로는 파산관재인이 점유, 관리하여 환가한 총재산에 대하여 환취권, 상계권, 별제권 등을 행사하고 또는 재산채권의 변제를 마치고 남은 재산을 의미함. 또한 압류금지 재산 및 면제재산신청을 하여 면제결정을 받은 재산은 파산재단에 속하지 않음.

## 83. 이행권고결정

소송물의 가액이 2000만 원 이하인 소액사건에 있어서, 법원은 소장 부본 등을 첨부하여 피고에게 청구취지대로 이행할 것을 권고할 수 있으며, 피고는 이의가 있는 경우에는 법원으로부터 이행권고 결정 등본을 송달받은 날로부터 2주 이내에 이의신청을 할 수 있도록 하였음. 적법한 이의신청이 있는 경우 법원은 지체 없이 변론기일을 지정하여 소송절차를 진행하며, 이의신청이 없거나 이의신청이 각하 또는 취하된 경우에는 이행권고결정은 확정판결과 동일한 효력을 부여받아 이를 집행권원으로 하여 강제집행을 할 수 있음.

## 84. 가등기담보

채권자와 채무자가 금원 대여 등 금전소비대차계약을 체결하고 그 대금반환 채무를 담보하기 위하여 장래 채무불이행이 있는 경우 채무자 또는 제3자의 소유 부동산의 소유권을 이전하기로 약정하여 이를 확보하기 위해 채무자 또는 제3자 소유 부동산에 가등기를 경료 하는 방식의 비전형담보 채권자 입장에서는 채권담보의 기능 이외에 임의경매 등 법원에 의하지 않고 직접 소유권이전등기를 경료 함으로써 담보권을 실행하는 편이가 있었으나, 1983. 12. 30. 가등기담보등에관한법률이 제정되어 위와 같은 담보권실행에 제한을 두고, 가등기담보권을 저당권과 유사하게 취급하는 등 청산에 있어서 많은 제한을 두고 있음.

## 85. 사기파산죄

채무자가 파산선고의 전후를 불문하고 자기 또는 타인의 이익을 도모하거나 채권자를 해할 목적으로 다음에 해당하는 행위를 하고 그 선고가 확정된 때 성립하는 범죄. 통합도산법은 다음의 행위를 사기파산죄로 규정.
① 파산재단에 속한 재산을 은닉/손괴/채권자에게 불이익하게 처분하는 행위
② 파산재단의 부담을 허위로 증가시키는 행위
③ 법률의 규정에 의하여 작성하여야 할 상업장부를 작성하지 아니하거나 이에 재산의 현황을 알 수 있는 정도의 기재를 하지 아니하거나 또는 부실한 기재를 하는 행위 또는 이를 은닉하거나 손괴하는 행위
④ 법원서기관 또는 서기가 폐쇄한 장부에 변경을 가하거나 이를 은닉 또는 손괴하는 행위

## 86. 과태파산죄

채무자가 파산선고의 전후를 불문하고 다음에 해당하는 행위를 하고 그 선고가 확정된 때 성립하는 범죄. 통합도산법은 다음을 과태파산죄로 규정.
① 파산의 선고를 지연시킬 목적으로 현저하게 불이익한 조건으로 채무를 부담하거나 신용거래로 인하여 상품을 구입하여 현저히 불이익한 조건으로 이를 처분하는 행위
② 파산의 원인인 사실이 있음을 알면서 어느 채권자에게 특별한 이익을 줄 목적으로 한 담보의 제공 또는 채무의 소멸에 관한 행위로서 채무자의 의무에 속하지 아니하거나 그 방법 또는 시기가 채무자의 의무에 속하지 아니하는 것
③ 법률의 규정에 의하여 작성하여야 할 상업 장부를 작성하지 아니하거나 이에 재산의 현황을 알 수 있는 정도의 기재를 하지 아니하거나 또는 부정의 기재를 하는 행위 또는 이를 은닉하거나 손괴하는 행위
④ 법원서기관 또는 서기가 폐쇄한 장부에 변경을 가하거나 이를 은닉 또는 손괴하는 행위

# VI. 개인회생/개인파산 무료 신청지원

## 1. NEW START 상담센터

2017. 3. 1. 서울회생법원 개원과 동시에 법원 내 설치되는 상담센터 개인회생·파산 제도의 안내 및 이용을 원하나 그 방법을 알지 못하는 채무자들에게 무료로 상담 서비스를 제공하여 법률적 문턱을 낮추어 주는 제도이다. 개인회생·파산절차에 대한 이해도가 높고 채무자들에게 공정성을 유지할 수 있는 파산관재인, 회생위원, 유관기관 직원이 상담위원으로 위촉되어 법원을 방문한 채무자들에게 무료로 상담을 실시하고 있다. 상담의 지원 내용은 ①개인회생·파산제도에 대한 일반 안내 및 상담, ②신청서 작성요령 및 첨부서류 발급 요령 안내, ③개인회생·파산 관련 무료신청지원제도 안내, ④외부연계기관 안내, ⑤상속재산 파산제도 안내이다.

NEW START 상담 센터를 이용하면 채무자가 신청 단계에서 파산관재인, 회생위원과 직접 대면하여 개인회생·파산제도에 대한 이해도를 높일 수 있고, 채무자가 개인회생과 개인파산 제도 중 적합한 제도를 선택할 수 있는 기회와 정보 제공이 가능하다. 또한, 채무자가 파산관재인, 회생위원의 조력을 받아 신청서를 직접 작성하거나 대한법률구조공단 등을 소개받아 소송구조를 받을 수 있어 신청대리인 선임비용 부담이 감소 외부연계기관 이용에 적합한 사안에 대비하여 대한법률구조공단에 파견 중인 신용회복위원회 직원과도 상담이 가능하다.

1) 정보 안내

- 장소 : 서울회생법원 3별관 1층 NEW START 상담센터 (종합민원실 앞 설치된 전용 부스)
- 문의 : 02-530-1114(단, 전화 상담은 불가하고, 방문 상담만 가능함), 02-2183-6783 및 sp1030@sbc.or.kr (중소기업진흥공단 회생컨설팅 관련)

2) 운영현황

|  | 월 | 화 | 수 | 목 | 금 |
|---|---|---|---|---|---|
| 오전 10-12시 | 개인 파산관재인(상속재산 파산상담 가능) | | | | |
| 오후 2-4시 | 소송구조지정 변호사/고용복지센터 | 서울 금융복지 상담센터 | 신용회복위원회 | 서울금융복지 상담센터 | 전임 회생위원/중소기업진흥공단 회생 컨설팅 |
| 오후 4-6시 | 개인파산회생 지원 변호사/고용복지센터 | 개인파산회생 지원 변호사 | 개인 파산 회생 지원 변호사 | 개인 파산 회생 지원 변호사 | 개인 파산 회생 지원 변호사/중소기업진흥공단 컨설팅 |

## 2. 신용 회복 위원회

법원은 신용회복위원회와 소득에 비해 채무가 과중하여 법적구제신청이 불가피한 채무자를 위한 업무협약을 체결하여, 신용회복위원회를 경유하여 신청한 개인파산 및 개인회생사건에 대해서는 전담재판부에 배당함으로써 보다 신속하게 절차가 진행되도록 하고 있다. 신용회복위원회를 방문하게 되면 개인파산 및 개인회생에 관한 상담 등을 받는 것이 가능하며, 또한 일정한 요건을 만족하는 경우에는 신용회복위원회의 소송구조를 받을 수도 있다.

상담의 지원내용은 ① 채무문제에 대한 상담을 통해 채무자 구제제도 안내, ② 신용회복지원이 불가능한 경우 개인회생 및 개인파산신청서, 변제계획안, 진술서 등 무료작성지원, ③ 신용상담보고서 무료지원, ④ 부채증명서 발급비용, ⑤ 인지대·송달료(법원 절차 비용), ⑥ 파산관재인 보수(법원 예납비용이다.

1) 무료지원대상

위원회 신용상담 결과 개인회생이나 파산 이용이 적정한 채무자로서 다음 각 호의 요건을 충족하는 자.
① 연간 소득 4천만 원 이하
② 최근 1년 이내 신규 채무 발생비 중 40% 이하(다만 질병, 사고 등으로 발생한 신규채무는 제외)
③ 금융기관에 대한 채무불이행 기간이 30일 초과인 자

2) 지원절차

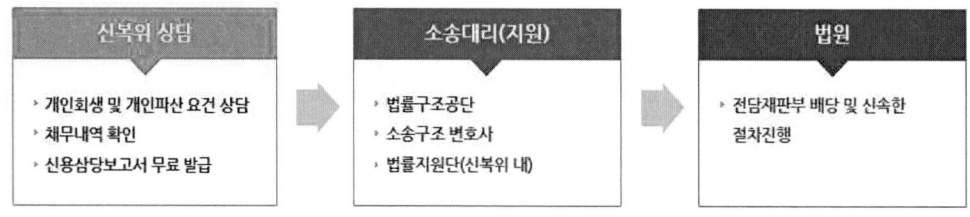

3) 기타 정보 안내

- 위치: 서울 중구 세종대로 124 한국프레스센터 6층
- 상담센터: 1600-5500
- 홈페이지: www.ccrs.or.kr

## 3. 서울시 복지 재단

법원은 서울금융복지상담센터와 서울시민의 건강하고 안정적인 가정경제 활성화를 위한 업무협약을 체결하여, 센터를 경유하여 신청한 개인파산 및 개인회생사건에 대해서는 전담재판부에 배당함으로써 보다 신속하게 절차가 진행되도록 하고 있다. 서울금융복지상담센터는 전문적이고 통합적인 금융복지 서비스를 제공하며, 채무자에 대한 상담을 진행 후 재산, 소득수준 등을 검토하여 개인파산 및 면책신청과 개인회생 신청에 대한 안내 및 지원을 담당한다.

1) 무료지원대상

소송구조(아래 참조) 내지 무료법률구조(기준 중위소득 125%) 자격조건에 해당하는 서울시민

2) 서울금융복지상담센터의 개인도산절차 지원제도

- 채무조정상담: 개인파산절차, 개인회생절차, 개인·프리 워크아웃 등에 대한 상담·지원
- 가정재무상담: 합리적인 소비지출, 금융역량 강화 등에 대한 가정재무상담·지원
- 복지서비스 연계: 주거·고용·의료·사회심리 등 다양한 복지서비스 연계·지원
- 지원요건을 만족하는 채무자의 경우
- 법률구조(법률구조공단)
- 소송구조(변호사 보수, 송달료)
- 파산관재인 내지 회생위원 선임비용 지원: 국민기초생활보장법에 따른 기초생활수급자 또는 차상위계층, 한부모가정, 장애인, 서울형 기초보장 대

상자인 경우 개인파산·면책절차, 개인회생절차에서의 예납명령에 따른 예납금 지원(서울금융복지상담센터가 부담)
※ 단, 해당연도 예산 소진 시 지원이 불가할 수 있음

3) 소송구조 지정변호사 내지 법률구조공단으로부터 받는 서비스의 범위

- 개인파산·면책, 개인회생 상담
- 소송구조 신청서 작성제출(법률구조공단의 경우 불필요)
- 개인파산·면책, 개인회생신청서 작성제출(첨부서류를 검토하였다는 확인서를 붙여야 함)
- 재판기일 및 절차, 면책의 효과 등에 관한 안내
- 법원의 보정사항에 대한 보정
- 그 밖에 절차상 필요한 업무

※ 소송구조 지정변호사에게 위 서비스 이상을 요구하여서는 안 됨
※ 개인파산의 경우 면책확정, 개인회생의 경우 변제계획인가결정 확정 후에는 일체의 서비스를 제공하지 아니함

4) 서울금융복지상담센터를 경유한 개인파산·면책, 개인회생 이용절차

(1) 이용자가 서울금융복지상담센터에 전화, 온라인, 방문 등을 통하여 채무조정상담 의뢰
(2) 센터 금융복지상담관은 이용자의 개인파산 및 회생 신청 가능여부 상담 및 개인파산, 회생 신청에 필요한 서류 준비하도록 안내
(3) 이용자는 서울금융복지상담센터에 자신이 작성한 진술서 및 준비한 필요서류 제출
(4)(5) 서울금융복지상담센터는 제출된 자료를 바탕으로 한 개인파산/개인회생 신청 가능여부를 검토 후 소송구조 변호사 내지 무료법률구조(법률구조공단) 지정 안내
(6) 소송구조 변호사 혹은 법률구조공단은 재판부에 제출될 개인파산/개인회생 신청서 작성(소송구조 변호사의 경우 소송구조 신청서를 먼저 작성)
(7) 법원의 예납명령시 서울금융복지상담센터가 예납금 납부(국민기초생활보장법에 따른 기초생활수급자 또는 차상위계층, 한부모가정, 장애인, 서울형 기초보장 대상자에 해당하는 경우에 한함. 그 외의 이용자는 본인이 예납금을 직접 부담)
(8) 개인파산선고결정, 개인회생절차개시결정 등 결정문의 교부, 절차진행
(9) 개인파산의 경우 파산절차 종료 이후 면책 여부 결정, 개인회생의 경우 변제계획인가결정 이후 3년간 변제계획을 성실히 수행할 경우 면책결정(개인파산사건은 면책결정 확정으로, 개인회생의 경우 변제계획인가결정 확정으로 소송구조 변호사 내지 법률구조공단의 이용자에 대한 소송대리는 종결)

4) 기타 정보 안내

- 이용시간 : 평일 9:00~12:00, 13:00~18:00
- 전화상담 : 1644-0120 (대표번호)
- 온라인상담: http://sfwc.welfare.seoul.kr
- 방문상담 : 온라인/전화로 예약 후 방문

- 지역 센터 안내

| 구분 | 주소 | 오시는 길 |
|---|---|---|
| 시청센터 | 서울시청 무교청사 더익스체인지서울 3층 | 시청역(2호선) 4번출구 |
| 성동센터 | 성동구청 1층 민원여권과 민원실 내 | 왕십리역(2,5호선) 4번출구 |
| 마포센터 | 마포구청 내 7층(중앙엘리베이터 이용) | 마포구청역(6호선) 1번출구 |
| 도봉센터 | 도봉구청 지하1층 종합상담센터 내 | 방학역(1호선) 2번출구 |
| 금천센터 | 금천구청 1층 통합민원실 내 | 금천구청역(1호선) 1번출구 |
| 영등포센터 | LH서울 서부주거복지지사 1층 | 영등포구청역(2,5호선) 1번출구 |
| 양천센터 | 양천구청 1층 종합민원실 내 | 양천구청역(2호선)에서 버스 |
| 송파센터 | 서울 동부고용복지+센터 3층 | 경찰병원역(3호선) 1번출구 |
| 중랑센터 | 중랑구청 1층 민원여권과 내 | 봉화산역(6호선), 중화역(7호선)에서 버스 |
| 구로센터 | 서울 관악고용복지+센터 3층 | 구로디지털단지역(2호선) 3번출구 |
| 성북센터 | 성북구청 3층 세무종합민원실 옆 | 성신여대입구역(4호선) 2번출구, 보문역(6호선) 3번출구 |
| 관악센터 | 관악구청 별관1층 | 서울대입구역(2호선) 3번출구 |
| 노원센터 | 노원사회적경제지원센터 1층 | 태릉입구역(6,7호선) 5번출구 |
| 강남센터 | 서울 강남고용복지+센터 9층 | 선릉역(2호선) 1번출구 |

## 4. 한국가정법률 상담소

법원은 2015. 10. 1. 한국가정법률상담소와 개인채무자 재기 지원을 위한 업무협약을 체결하여, 상담소를 경유하여 신청한 개인파산 및 개인회생사건에 대해서는 전담재판부에 배당함으로써 보다 신속하게 절차가 진행되도록 하고 있다. 한국가정법률상담소를 방문하면 개인파산, 개인회생에 관한 상담 등을 받을 수 있고, 또한 일정한 요건을 만족하는 경우에는 상담소의 소송구조를 받을 수도 있다.

1) 상담소로부터 받는 서비스의 범위

- 개인파산, 개인회생에 관한 상담
- 신청인 작성 진술서 및 필요서류 검토 (경우에 따라 진술서 작성 조력)
- 개인파산, 개인회생 의뢰서 작성
- 개인파산의 경우 면책확정, 개인회생의 경우 변제계획인가결정 확정 후 필요한 서류 작성 (예: 강제집행 해제신청, 지급명령신청에 대한 이의신청서 등)

※ 개인파산신청 당시 미처 알지 못한 누락 채무가 있어 면책확인의 소 또는 청구 이의의 소를 진행할 필요가 있는 경우, 추가로 소송구조 신청 가능

2) 한국가정법률상담소의 개인도산절차 지원제도

- 「국민기초생활보장법」에 따른 수급자: 수급자 증명서(시, 군, 구청 발행)
- 「국민기초생활보장법」에서 정한 가구별 기준 중위소득의 100분의 60이하 소득자임을 소명하는 사람: 급여명세서 등 증빙서류
- 「한부모가족지원법」에 따른 지원대상자: 한부모가족 증명서(시, 군, 구, 읍, 면, 동사무소 발행)

- 「장애인복지법」에 따른 장애인: 장애인 증명서(시, 군, 구청 발행) 또는 장애인 복지카드

※ 위에 해당하지 않는 경우에도 경제적으로 어렵거나 혼자 소송 수행이 어려우며, 소송구조의 타당성(개인파산·면책, 개인회생 결정을 받을 가능성이 있을 것)이 있는 사람은 소송구조의 대상이 될 수 있음

3) 상담소의 소송구조 지정변호사로부터 받는 서비스의 범위

- 개인파산·회생 신청서 작성제출
- 재판기일 및 절차, 면책의 효과 등에 관한 안내
- 법원의 보정사항에 대한 보정
- 그 밖에 절차상 필요한 업무
- 소송구조 지정변호사에게 위 서비스 이상을 요구하여서는 안 됨
- 개인파산의 경우 면책확정, 개인회생의 경우 변제계획인가결정 확정 후 추가로 상담 혹은 소송구조, 무료대서가 필요한 경우 한국가정법률상담소를 다시 방문하여 진행

4) 상담소의 소송구조 이용절차

(1) 이용자가 한국가정법률상담소에 자신이 소송구조대상임을 증명하는 서류를 준비하여 방문
(2) 한국가정법률상담소 상담위원 및 변호사는 이용자의 개인파산 및 회생 신청 가능여부 상담 및 개인파산, 회생 신청에 필요한 서류 준비하도록 안내
(3) 이용자는 한국가정법률상담소에 자신이 작성한 진술서 및 준비한 필요서류 제출
(4) 한국가정법률상담소는 소송구조대상자 여부 및 필요서류를 바탕으로 한 개인파산/개인회생 신청 가능여부를 검토 후 소송구조 결정

(5) 한국가정법률상담소는 재판부에 제출될 개인파산/개인회생 의뢰서 작성
(6) 한국가정법률상담소의 소송구조 변호사 지정
(7) 소송구조지정 변호사는 개인파산/개인회생 신청 대리
(8) 사건의 종결 후 소송구조지정 변호사는 이용자에게 결정문 정본을, 한국가정법률상담소에 결정문 사본을 교부
(9) 한국가정법률상담소는 사건의 종결 후에도 이용자의 의문사항에 대한 상담을 하고, 필요한 경우 추가로 무료대서 등을 진행하며 계속하여 사건을 관리

5) 기타 정보 안내

- 주소: 서울시 영등포구 국회대로 76가길 14
- 연락처: 1644-7077, 02)780-5688~9, 팩스 02)780-0485,
- e-mail: webmaster@lawhome.or.kr
- 홈페이지 주소: http://lawhome.or.kr/newhome/index.asp

## 5. 한국자산관리공사

법원은 2014. 4. 29. 한국자산관리공사와 개인채무자 재기 지원을 위한 업무협약을 체결하여, 과중한 가계부채로 인하여 재정적 어려움에 처한 채무자가 신속하고 적은 비용의 개인회생 등 공적채무조정절차를 통해 국민경제의 일원으로 조속히 재기할 수 있도록 노력하고 있다. 한국자산관리공사가 관리하는 신용회복지원 프로그램의 채무자 중 한국자산관리공사의 지원을 받아 개인파산 내지 개인회생을 신청하시면 전담재판부에 배당되어 신속하게 절차가 진행되도록 하고 있다.

1) 지원 대상

한국자산관리공사가 관리하는 신용회복지원 프로그램의 채무자 중 채무조정을 통한 상환능력이 없다고 판단되는 자

2) 한국자산관리공사의 지원내용

- 한국자산관리공사와 법원 및 법률지원기관과의 업무협약을 통해 공적채무조정 신청을 원하는 자에게 적은 비용으로 신속한 절차 진행을 지원
- 재무상태 심층상담 및 부채상담보고서 발급

3) 한국자산관리공사의 효과

- 재무상태 심층
- 신속한 법원 절차 진행(처리기간 단축)
- 적은 비용으로 신청 가능
- 상환능력 부족자에 대한 불필요한 추심 중단
- 공적채무조정 신청 관련 불법브로커 차단

4) 한국자산관리공사의 지원절차

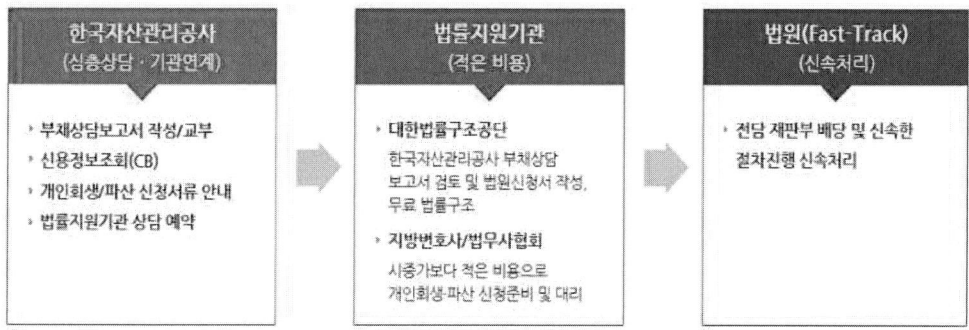

- 법률지원기관: 대한법률구조공단, 지방변호사협회·법무사협회와의 업무협약 등을 통해 법률구조공단 변호사와 협회 추천 변호사(법률지원단) 등이 시중가보다 적은 비용으로 신청 대리
- 법률구조공단은 신청비용 무료/ 공사는 신청서류 징구비용 지원

5) 기타 정보 안내

- 법률본사: 부산 남구 문현금융로 40, 3층 (부산국제금융센터)
- 서울지역본부: 서울시 강남구 강남대로 450, 1층
- 콜센터: 국번없이 1588-3570
- 홈페이지: www.kamco.or.kr

## 6. 법원 소송구조제도

1) 소송구조 제도

- 재정적으로 특히 어려운 채무자들을 도와줄 수 있도록 국가에서 마련한 제도
- 관련 규정: 소송구조제도의 운영에 관한 예규(재일 2002-2)

2) 소송 구조 대상자

- 「국민기초생활보장법」에 따른 수급자
- 「국민기초생활보장법」에서 정한 가구별 기준 중위소득의 100분의 60 이하 소득자임을 소명하는 자
- 「한부모가족지원법」에 따른 지원대상자
- 60세 이상인 자
- 「장애인복지법」에 따른 장애인
- 「국가유공자 등 예우 및 지원에 관한 법률」 및 「보훈보상대상자 지원에 관한 법률」에 따른 상이등급 판정자
- 「고엽제후유의증 등 환자지원 및 단체설립에 관한 법률」에 따른 장애등급 판정자
- 「5·18민주유공자 예우에 관한 법률」에 따른 장해등급 판정자

3) 소송구조를 받는 소송비용(예규 제22조 제1항)

- 변호사 비용 및 송달료 (인지 등 절차비용은 본인 부담)
- 파산관재인 선임비용(직권O, 신청x, 30만 원 상한, 2018. 1. 1. 이후 접수 사건부터 적용)

※ 개인파산·개인회생사건 진행 중 또는 종료 후 자금능력이 생기는 때에는 그 사실을 이 법원에 신고하여야 하고, 법원에서 구조취소 후 소송구조 지정변호사 보수의 납입결정을 하는 경우에는 소송구조 지정변호사 보수를 법원에 납입하여야 함

4) 소송구조 대상자의 준비서류

- 개인별 주민등록표등본

- 자신이 소송구조 대상자임을 증명하는 증명서 (60세 이상인 자의 경우에는 필요 없음)
  - 「국민기초생활보장법」에 따른 수급자 : 수급자 증명서(시, 군, 구청 발행)
  - 「국민기초생활보장법」에서 정한 가구별 기준 중위소득의 100분의 60이하 소득자임을 소명하는 자 : 급여명세서 등 증빙서류
  - 「한부모가족지원법」에 따른 지원대상자 : 한부모가족 증명서(시,군,구,읍,면,동사무소 발행)
  - 「장애인복지법」에 따른 장애인 : 장애인 증명서(시,군,구청 발행) 또는 장애인 복지카드
  - 「국가유공자 등 예우 및 지원에 관한 법률」에 따른 상이등급 판정자 : 국가유공자증 또는 국가유공자 확인원
  - 「보훈보상대상자 지원에 관한 법률」에 따른 상이등급 판정자 : 보훈보상대상자증 또는 보훈보상대상자 확인원
  - 「고엽제후유의증 등 환자지원 및 단체설립에 관한 법률」에 따른 장애등급 판정자 : 국가보훈대상자등록증 또는 고엽제후유(의)증환자 등 확인서
  - 「5·18민주유공자 예우에 관한 법률」에 따른 장해등급 판정자 : 5·18민주유공자증 또는 5·18민주유공자 확인서

5) 소송구조 지정변호사로부터 받는 서비스의 범위(예규 제23조 제2항)

- 소송구조 신청전 상담
- 소송구조 신청서 작성제출
- 개인파산·회생 신청서 작성제출(첨부서류를 검토하였다는 확인서를 붙여야 함)
- 재판기일 및 절차, 면책의 효과 등에 관한 안내
- 법원의 보정사항에 대한 보정
- 그 밖에 절차상 필요한 업무

※ 소송구조 지정변호사에게 위 서비스 이상을 요구하여서는 안됨
※ 개인파산의 경우 면책확정, 개인회생의 경우 변제계획인가결정 확정 후에는 일체의 서비스를 제공하지 아니함

   6) 소송구조 이용절차

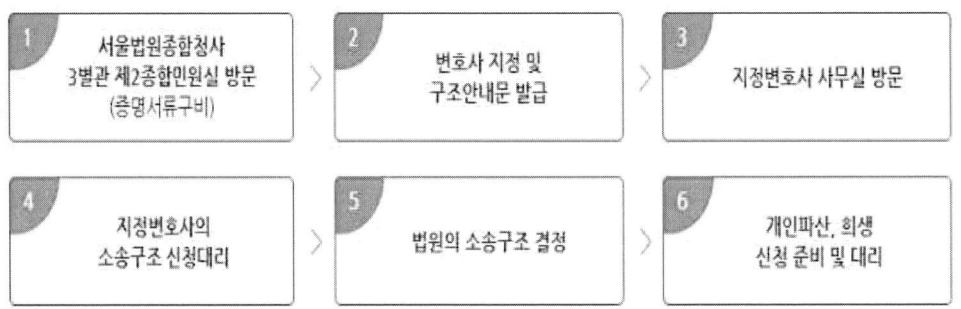

① 이용자가 법원 소송구조신청 창구에 자신이 소송구조대상임을 증명하는 서류를 준비하여 서비스 신청
② 담당 법원직원(접수창구)은 증명서류 확인 후 비치된 소송구조 안내대장에 신청인 이름을 기재하고 지정변호사를 순번제로 배정하고, 소송구조 안내문에 해당 지정변호사를 체크하여 이용자에게 교부
③ 이용자는 곧바로 배정받은 소송구조 지정변호사의 사무실로 직접 찾아가 소송구조신청부터 변호사의 도움을 받음
④ 지정변호사는 즉시 소송구조신청서를 접수
⑤ 재판부는 소송구조사건에 대하여 소송구조요건 해당 시 즉시 소송구조결정
⑥ 소송구조 결정 후 지정변호사는 개인파산·회생 신청준비 및 대리

※ 변호사비용 외의 송달료에 대한 소송구조 신청은 소송구조 지정변호사를 통하지 않고 직접 신청이 가능함(개인파산·회생사건 송달료 [소송구조신청양식] 이용)

7) 소송구조 지정변호사

- 지정절차
- 각 지방변호사회에 추천의뢰
- 법원에 설치한 '소송구조변호사 지정위원회' 심의를 거쳐 각 법원별로 접수 사건수에 대비하여 5~10명을 법원장이 지정
- 업무
- 소송구조신청서 작성부터 개인파산·회생 절차 종료시까지 담당

8) 기타 정보 안내

- 법원 소송구조 창구: 서울회생법원 종합민원실(서울법원종합청사 제3별관)
- 콜 센터: 02-530-2485

## 7. 법률구조공단

대한법률구조공단은 경제적으로 어렵거나 법을 몰라 법의 보호를 충분히 받지 못하는 국민을 돕기 위하여 설립된 법률복지기관이다. 대한법률구조공단은 금융소외자에 대해 새 출발의 기회를 제공하기 위하여 개인회생 및 개인파산사건에 대해서도 무료법률구조를 실시하고 있다.

1) 지원대상

공단 상담 결과 개인회생이나 개인파산 이용이 적정한 채무자로서 보건복지부 고시 기준 중위소득 125%에 해당하는 자.

2) 대한법률구조공단의 지원 내용

- 개인회생 및 개인파산사건 대한 법률상담 및 소송대리 등 법률구조
  - 변호사에 의한 개인회생 및 개인파산사건 신청대리
  - 변호사 보수 및 인지대, 송달료 무료지원
- Fast-Track 소송지원
  - 신용회복위원회·서울금융복지상담센터·한국자산관리공사의 상담을 거쳐 연계된 사건의 경우 서울회생법원 전담재판부에 배당됨으로써 신속하게 절차 진행되며 공단은 소송비용 및 변호사 보수, 전문적인 법률지원 서비스 제공
- 면책대상자에 대한 설명회, 국민연금공단 재무 설계 및 취업지원 안내

3) 대한법률구조공단의 Fast-track 사건 지원 절차

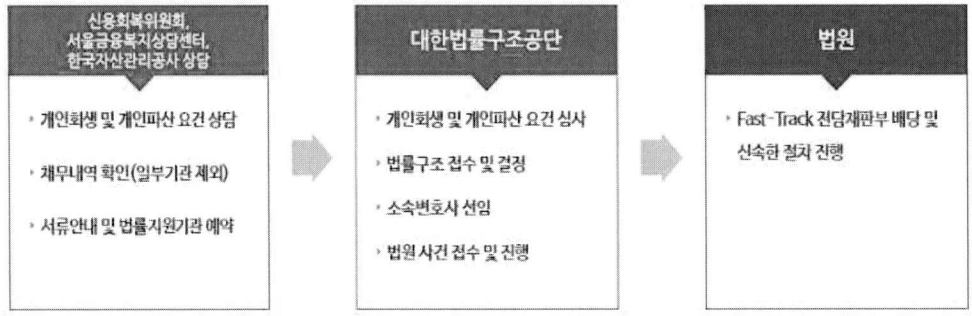

4) 기타 정보 안내

위치: 서울 서초구 서초대로 250, 스타갤러리빌딩 9층, 서초역1번 출구
전화: 국번 없이 132
홈페이지: www.klac.or.kr

도 서 명: 회생위원이 감수한 알기 쉬운 개인회생·파산
저    자: 김민규, 김미현
초판발행: 2020년 7월 22일
발    행: 비피기술거래
발 행 인: 박기혁
등록번호: 제2016-000034호
주    소: 서울특별시 영등포구 버드나루로 130 1층 104호(당산동, 강변래미안)
Tel.(02) 535-4960   Fax.(02)3473-1469

Email. kyoceram@naver.com

이  도서의  국립중앙도서관  출판예정도서목록(CIP)은  서지정보유통지원시스템  홈페이지 (http://seoji.nl.go.kr)와 국가자료종합목록 구축시스템(http://kolis-net.nl.go.kr)에서 이용하실 수 있습니다. (CIP제어번호 : CIP2020029496)

# BP기술거래 베스트셀러 LIST 10

**만화 김영란법 Q&A**

저자 김상목 / 30,000 원

**동호인 테니스를 이기는 절대적인 방법 발리 [VOLLEY]**

저자 박기혁 / 25,000 원

**학교에서 배우지 않는 것들**

글 김상목 그림 김서현 / 30,000 원

**융합은 즐거움이다**

저자 비피기술거래 / 30,000 원

**누구나 이모티콘을 제작할 수 있다**

저자 비피기술거래 / 60,000 원

**블록체인 산업 지도를 바꾼다**

저자 비피기술거래 / 60,000 원

**자율주행자동차 인공지능 보고서**

저자 비피기술거래 / 60,000 원

**4차산업과 마이스(MICE) 컨벤션 산업의 발전**

저자 박기혁, 송승룡, 비피국제회의기획 / 30,000 원

**자율주행 자동차 시대를 위한 법적인 과제와 준비**

저자 권영실 변호사 / 60,000 원

**문재인 정부의 과학기술정책**

저자 비피기술거래 / 60,000 원

# BP Book List

**001** 유아용품 시장조사 보고서 (20161027 절판)

**002** 페라이트시트 관련 시장동향 보고서
저자 비피기술거래 / 120,000

**003-2** [개정판] 페로브스카이트 태양전지 국내외 현황조사
저자 비피기술거래 / 120,000

**004-1** [개정판] LED 산업 분석
저자 비피기술거래 / 120,000

**005-1** [개정판] Silver Epoxy & Ink Cu ink&paste 시장보고서
저자 비피기술거래 / 120,000

**006** 확대되는 열가변저항기(Thermistor)의 기술, 시장 전망과 최근 개발 동향
저자 비피기술거래 / 120,000

**007-1** [개정판] 자동차용 배기온도센서 관련 시장동향 보고서
저자 비피기술거래 / 120,000

**008-1** [개정판] 골충전재 시장 조사 보고서
저자 비피기술거래 / 120,000

**009-2** [개정판] 전고체전지 기술조사 보고서
저자 비피기술거래 / 120,000

**010-1** [개정판] 티타늄 소재시장 가능성과 수요조사 보고서
저자 비피기술거래 / 120,000

**011-1** [개정판] Etchant 기술동향 및 분석보고서
저자 비피기술거래 / 120,000

**012-1** [개정판] 다공성세라믹 적용 산업 현황 보고서
저자 비피기술거래 / 90,000

**013** [개정판] 열전발전소자 및 Hermetic sealing 관련 기술동향 및 분석 보고서 (20180214 절판)
저자 비피기술거래 / 120,000

**014-1** [개정판] Fine Pitch 배선 형성용 구리에찬트 조사보고서
저자 비피기술거래 / 120,000

**015-1** [개정판] 알루미늄 도금기술 접목한 섬유분야의 상용방안 및 시장성 보고서
저자 비피기술거래 / 120,000

**016-1** [개정판] 쿼츠 Quartz 유리산업 분석을 통한 정밀광학기기 및 광학용부품 시장조사 보고서
저자 비피기술거래 / 120,000

**017-1** 고기능성 나노코팅 소재 보고서 (20170517 절판)

**018-1** [개정판] 외발자전거 시장 조사 보고서
저자 비피기술거래 / 120,000

**019-1** [개정판] 자전거 스마트폰 거치대 시장 조사 보고서
저자 비피기술거래 / 120,000

**020-2** [개정판] 전력절감 시스템 시장조사 보고서
저자 비피기술거래 / 120,000

**021-1** [개정판] 시멘트 산업 시장동향 보고서
저자 비피기술거래 / 120,000

**022-2** [개정판] 1인 가구 증가에 따른 산업동향 변화보고서
저자 비피기술거래 / 120,000

**023** 전통문화의 시장 및 기술동향 – 한옥과 친환경주택
저자 비피기술거래 / 120,000

**024** 브렉시트(Brexit) 본질위기 유망산업 보고서
저자 비피기술거래 / 30,000

**025** 뉴로모픽기술과 시장보고서
저자 목하균 / 60,000

**026-2** [개정판] 전기차 충전기 시장조사 보고서
저자 비피기술거래 / 120,000

**027** 신재생 에너지 기술 및 시장 분석
저자 김송호 / 60,000

**028** 테슬라의 한국 상륙–우리는 과거시대의 악몽을 반복할 것인가
저자 비피기술거래 / 60,000

**029** 김영란법 Q&A
저자 김상목·박기혁 / 60,000

**030** 회의를 디자인하라 (20180605 절판)
저자 김상목 / 30,000

**031** 도날드 트럼프 당선시의 한국경제, 기업에의 영향과 유망산업보고서
저자 비피기술거래 / 30,000

**032** 모바일 및 웨어러블 기기용 화학, 환경 센서 시장조사 보고서
저자 비피기술거래 / 120,000

**033** 전통문화의 시장 및 기술동향 – 전통식품
저자 비피기술거래 / 120,000

**034** 듀얼카메라 시장조사 보고서
저자 비피기술거래 / 120,000

**035** 기업들이 망하는 20가지 이유 – 신규 창업인이 회사를 망하게 하는 20가지 착각
저자 박기혁 / 30,000

**036-2** [개정판] 모바일화에 따른 온라인 문화콘텐츠산업 동향
저자 비피기술거래 / 120,000

**037-2** [개정판] 미세먼지에 관련된 국내시장분석 보고서
저자 비피기술거래 / 120,000

**038-2** [개정판] 트렌드 변화에 따른 인테리어, 가구 시장 보고서
저자 비피기술거래 / 120,000

**039** 힐러리 클린턴의 집권이 우리나라에 미칠 영향
저자 비피기술거래 / 30,000

**040-2** [개정판] MEMS 기술 산업 전략 보고서
저자 비피기술거래 / 60,000

**041-2** [개정판] 반려동물 산업과 첨단 기술의 만남
저자 비피기술거래 / 60,000

**042** 할랄화장품
저자 비피기술거래 / 60,000

**043** 포켓몬go 성공요인과 파급 효과
저자 비피기술거래 / 30,000

**044** 융합은 즐거움이다 – 과학기술과 인문학의 collaboration
저자 비피기술거래 / 30,000

**045** 중국 의약품, 아동 의약품, 동물 의약품, 온라인 약국등의 시장과 제도 및 진출전략
저자 비피기술거래 / 60,000

**046** 조명시장과 OLED 시장보고서
저자 비피기술거래 / 60,000

**047-1** [개정판] 고체산화물 연료전지(SOFC) 정책 및 시장과 개발 업체 동향, 기술현황과 사업아이템
저자 비피기술거래 / 120,000

**048-1** [개정판] 방열소재시장과 기술동향
저자 비피기술거래 / 60,000

**049** 남성화장품 시장 조사 보고서
저자 비피기술거래 / 60,000

**050** 우리나라 지진역사와 주요국 대피시스템 비교 그리고 관련산업 동향
저자 목하균 / 60,000

# BP Book List

**051** 집단 토론 면접 가이드 (20180605 절판)
저자 김상목 / 30,000

**052** 콘텐츠 큐레이션(Contents Curation)
저자 허두영 / 30,000

**053** 한국인이 두려워하는 대통령 트럼프가 제시한 5대중요정책(보호무역,한국혐오등)과 그에 대한 대처법 보고서  저자 비피기술거래 / 30,000

**054** 기후 변화와 녹색 성장
저자 김송호 / 60,000

**055** 적외선센서 보고서
저자 비피기술거래 / 120,000

**056** 교수 및 고위 공무원이 해외연수 잘 다녀오는 방법
저자 비피기술거래 / 30,000

**057** 그린 비즈니스 – 스마트 그리드그린건물 · LED 조명
저자 김송호 / 30,000

**058** ~~(만화) 김영란법 Q&A~~
~~저자 김상목 / 30,000~~

**059** 동호인 테니스게임에서 이기는 절대적 방법 – 발리
저자 박기혁 / 30,000

**060** 도널드 트럼프 당선 – 세계는 어떻게 될까
저자 비피기술거래 / 30,000

**061** 시스템 반도체 산업동향보고서
저자 목하균 / 120,000

**062** R&D지원사업 200% 활용하기 연구소기업과 기업 부설연구소의 설립
저자 비피기술거래 / 25,000

**063** COFFEE, 한 잔의 커피는 한 번의 여행과 같다
저자 이강복 / 30,000

**064** 대한민국 정치인과 기업인 리더가 트럼프의 대선 승리에서 배워야 할 7가지 교훈
저자 비피기술거래 / 60,000

**065** ~~주식시장리포트 – 이 주식들이 곧 오를 수밖에 없는 다섯 가지 이유~~
~~저자 비피기술거래 / 50,000~~

**066-1** [개정판] 미국인이 사랑하는 미셸 오바마
저자 비피기술거래 / 30,000

**067** 그린 비즈니스 – 전기차와 이차전지
저자 김송호 / 60,000

**068-1** [개정판] 화합물 반도체산업 동향 보고서
저자 박진석 / 120,000

**069** 중국 가전제품 시장 보고서
저자 비피기술거래 / 120,000

**070** ~~학교에서 배우지 않는 것들 – 어른이 되기 위한 인생 필수 교과서~~
~~저자 김상목 · 김서현 / 120,000~~

**071** B급 전략 평범한 회사나 개인도 절대로 망하지 않게 하는 특급전략
저자 박기혁 / 30,000

**072-1** [개정판] 편의점 사업의 현재와 미래 편의점 사업 이대로 좋은가
저자 비피기술거래 / 120,000

**073** 뉴요커를 사로잡을 7가지 사업 아이템
저자 비피기술거래 / 60,000

**074** 유커 발길을 잡아라 – 유커 관광산업 보고서
저자 비피기술거래 / 60,000

**075-1** [개정판] 생활화학제품 이대로 좋은가? – 화학제품 공포증의 올바른 이해
저자 비피기술거래 / 60,000

**076-2** [개정판] 베지테리안 국내외 채식주의 산업 시장 보고서
저자 비피기술거래 / 120,000

**077-2** [개정판] 탄소섬유 국내외 기술 및 시장동향과 업계 현황 보고서
저자 김상목 · 박기혁 / 120,000

**078** 일본 이화학연구소 – 리켄(RIKEN)심층연구
저자 비피기술거래 / 60,000

**079** 정전기 방전 기술과 시장동향 보고서
저자 비피기술거래 / 60,000

**080** 만화 – 박사장의 집단토론면접가이드
저자 김상목 · 비피기술거래 / 30,000

**081-1** [개정판] 반도체 멤스프로브카드의 최신 기술 및 시장 동향보고서
저자 비피기술거래 / 60,000

**082** 융합기술이 답이다 – 일본과 우리나라의 기술융합정책
저자 비피기술거래 / 60,000

**083** 대학교수 고위공무원의 1년연수(안식년, sabbatical) 잘 다녀오는 법
저자 박기혁 · 이인성 / 30,000

**084** 유아용품 시장동향 보고서 – 중국 유아용품시장을 중심으로
저자 비피기술거래 / 120,000

**085** 누구나 이모티콘을 제작할 수 있다 – 이모티콘의 현재와 미래시장 현황과 제작 및 등록방법
저자 비피기술거래 / 60,000

**086** 절삭공구에 대한 유저들의 니즈 파악 및 세라믹 응용 가능 분야 연구보고서
저자 비피기술거래 / 30,000

**087** 만화 – 박사장의 사업툰
저자 박기혁 · 비피기술거래 / 30,000

**088** 로드리고 두테르테의 명과 암 그리고 도널드트럼프
저자 비피기술거래 / 60,000

**089** 쾌남 이재명, 그는 누구인가? (20191121 절판)
저자 김상목 / 30,000

**090-2** [개정판] 블록체인 산업 지도를 바꾼다
저자 비피기술거래 / 60,000

**091** 스퍼터(Sputter) 및 스퍼터링(Sputtering) 관련 산업 및 기업 시장 조사 보고서
저자 비피기술거래 / 60,000

**092** 자율주행자동차 시대를 위한 법적인 과제와 준비
저자 권영실 / 60,000

**093-2** [개정판] 자율주행자동차 인공지능 보고서
저자 비피기술거래 / 60,000

**094** 삼일만에책한권쓰기프로젝트
저자 박기혁 / 30,000

**095** 첼시 클린턴,무대에서다 – 反트럼프의 비상구
저자 비피기술거래 / 30,000

**096** ~~문재인 정부의 과학기술정책~~
~~저자 비피기술거래 / 60,000~~

**097** 일상 생활에서 사용하는 전기차 이야기 – 전기차의 매력
저자 안규찬 · 이봉길 / 60,000

**098** 만화 – 평범한 회사나 개인도 절대로 망하지 않게 하는 특급 B급 전략
저자 비피기술거래 / 30,000

**099** 만화로 읽는 학교에서 배우지 않는 것들 – 어른이 되기 위한 인생필수 교과서
저자 김상목 · 비피기술거래 / 30,000

**100** 문재인 정부의 부동산 정책 분석
저자 박기혁 · 변한수 · 비피기술거래 / 60,000

# BP Book List

| 101 | 알고 싶은 철도산업 이야기<br>저자 비피기술거래 / 60,000 |
|---|---|
| 102 | 사이버 섹스 산업<br>저자 비피기술거래 / 30,000 |
| 103 | 동호인 테니스를 끝내 이기기 위한 살인병기: 결정발리, 서브, 스매싱<br>저자 박기혁 / 25,000 |
| 104 | 동호인 테니스, 심리학과 심리전으로 무장하면 백전백승<br>저자 박기혁 / 25,000 |
| 105 | 4차산업과 마이스(MICE) 컨벤션 산업의 발전<br>저자 박기혁·송승룡·비피국제회의기획 / 30,000 |
| 106 | 건강한 피를 만들기 위한 섭취법<br>저자 비피기술거래 / 30,000 |
| 107 | 만화로 읽는 3일만에 책한권쓰기 프로젝트<br>저자 박기혁, 그림 비피기술거래 / 30,000 |
| 108 | 미생 몸매 소유자가 들려주는 완생 다이어트<br>저자 박기혁 / 30,000 |
| 109 | 메모의 마법 – 책이 술술 써지는 메모 습관<br>저자 박기혁 / 30,000 |
| 110 | 노벨 두드림: 이 책 읽고 노벨상 받자 〈노벨평화상〉<br>편집 비피기술거래 / 30,000 |
| 111 | 노벨 두드림: 이 책 읽고 노벨상 받자 〈노벨문학상〉<br>편집 비피기술거래 / 30,000 |
| 112 | 노벨 두드림: 이 책 읽고 노벨상 받자 〈노벨물리학상 1〉<br>편집 비피기술거래 / 30,000 |
| 113 | 노벨 두드림: 이 책 읽고 노벨상 받자 〈노벨물리학상 2〉<br>편집 비피기술거래 / 30,000 |
| 114 | 노벨 두드림: 이 책 읽고 노벨상 받자 〈노벨화학상 1〉<br>편집 비피기술거래 / 30,000 |
| 115 | 노벨 두드림: 이 책 읽고 노벨상 받자 〈노벨생리의학상 1〉<br>편집 비피기술거래 / 30,000 |
| 116 | 노벨 두드림: 이 책 읽고 노벨상 받자 〈노벨화학상 2〉<br>편집 비피기술거래 / 30,000 |
| 117 | 노벨 두드림: 이 책 읽고 노벨상 받자 〈노벨생리의학상 2〉<br>편집 비피기술거래 / 30,000 |
| 118 | 노벨 두드림: 이 책 읽고 노벨상 받자 〈노벨경제학상 2〉<br>편집 비피기술거래 / 30,000 |
| 119 | 후미진 곳의 매출부진 카페에 손님이 들게 하는 마법-카피스 카페 설립하기<br>저자 박기혁·송승룡·비피기술거래 / 30,000 |
| 120 | 현직 카페 주인 100명이 말하는 카페 커피숍 무조건 망하니까 절대 하지마라<br>저자 박기혁·송승룡·비피기술거래 / 30,000 |
| 121 | 현직 카페 사장 100인이 말하는 성공하는 서점겸 카페 차리기<br>저자 박기혁·송승룡·비피기술거래 / 30,000 |
| 122 | 현직 카페 사장 100인이 말하는 커피숍 바리스타<br>저자 박기혁·송승룡·비피기술거래 / 30,000 |
| 123-2 | [개정판] 미래산업시리즈 – 3D 스캐닝 산업<br>저자 비피기술거래 / 60,000 |
| 124 | 124.성공하는 카페는 이렇게 일한다<br>저자 비피기술거래 / 30,000 |
| 125-2 | [개정판] 드론 그것이 궁금하다<br>저자 비피기술거래 / 60,000 |
| 126 | 냉면으로 대박나는 요식업 창업전략 (20180430 절판)<br>저자 비피기술거래 / 60,000 |
| 127 | 위조 방지 기술<br>저자 비피기술거래 / 60,000 |
| 128-2 | [개정판] 뉴로모픽 그것이 궁금하다<br>저자 비피기술거래 / 60,000 |
| 129-1 | [개정판] 4차 산업혁명의 기회 – 누구나 뉴카라가 될 수 있다<br>저자 비피기술거래 / 60,000 |
| 130 | 산전수전 다겪은 선배가 알려주는 캠퍼스 라이프 꿀팁<br>저자 비피기술거래 / 30,000 |
| 131 | 하루만에 끝내는 전자회로 개론<br>저자 비피기술거래 / 30,000 |
| 132 | 휴대폰 호갱 탈출기 (20180330 절판)<br>저자 비피기술거래 / 30,000 |
| 133 | 소비자를 사로잡는 특별한 10퍼센트: 스페셜티 카페의 모든것<br>저자 비피기술거래 / 30,000 |
| 134 | 원소의 탄생일지1: 주기율표song<br>저자 비피기술거래 / 60,000 |
| 135 | 4차 산업혁명 파생산업 시리즈: PID 센서<br>저자 비피기술거래 / 60,000 |
| 136 | 에코-프렌들리 비즈니스의 첫걸음: 난 돈 벌면서 커피 찌꺼기 버린다<br>저자 비피기술거래 / 30,000 |
| 137 | 4차 산업혁명 파생산업 시리즈: 에너지 절약형 유리<br>저자 비피기술거래 / 60,000 |
| 138 | 21세기 팥빙수 백서 (20180531 절판)<br>저자 비피기술거래 / 30,000 |
| 139 | 온 국민이 즐기는 응원제<br>저자 비피기술거래 / 30,000 |
| 140 | 전 세계에 파란을 예고한 물 부족_인쇄용<br>저자 비피기술거래 / 30,000 |
| 141-1 | [개정판] 똑똑한 AI를 만드는 작은 차이, 머신러닝과 딥러닝<br>저자 비피기술거래 / 60,000 |
| 142 | 4차 산업혁명 파생산업 시리즈: 저온 동시 소성 세라믹스<br>저자 비피기술거래 / 60,000 |
| 143 | 원소의탄생일지2: 전이금속<br>저자 비피기술거래 / 30,000 |
| 144 | 원소의탄생일지3: 세계자원확보전쟁의 주인공 희토류<br>저자 비피기술거래 / 30,000 |
| 145 | ~~천원이면 누구나 할 수 있는 복권 재테크 – 로또복권~~<br>~~저자 비피기술거래 / 30,000~~ |
| 146 | 폭락장 속의 생존기술: 가상화폐의 기초 이해하기<br>저자 비피기술거래 / 30,000 |
| 147 | 한권으로 끝내는 텐서플로, AI 머신러닝 개발하기<br>저자 비피기술거래 / 30,000 |
| 148 | 4차 산업혁명 파생산업 시리즈: 주문형 반도체 산업<br>저자 비피기술거래 / 60,000 |
| 149 | ~~Why(Y)세대 트렌드; 털(毛)털(毛)한 남자_최종~~<br>~~저자 비피기술거래 / 30,000~~ |
| 150 | 1퍼센트를 위한 한국과 중국의 도자기 산업백서<br>저자 비피기술거래 / 30,000 |

# BP Book List

**151**-1 [개정판] 4차 산업혁명 파생 기술 시리즈; 스마트 그리드와 사물인터넷, 빅데이터의 이해
저자 비피기술거래 / 60,000

**152** 나는 비트코인 말고 미생물에 투자하기로 결심했다; 떠오르는 에코 프랜들리 비즈니스
저자 비피기술거래 / 60,000

**153** 주(住)목하라, 삶의 공간에 관한 디자인과 인테리어
저자 비피기술거래 / 30,000

**154**-1 [개정판] 4차 산업혁명 파생 산업 시리즈: ICT 서비스 산업
저자 비피기술거래 / 60,000

**155** 알기 쉬운 암호 기술 변천사; 고전기술에서 비트 코인까지
저자 비피기술거래 / 60,000

**156** ~~청춘의 연애심리학: 올해는 반드시 연애 많이 하는 남자가 되자~~
~~저자 비피기술거래 / 30,000~~

**157** 한권으로 끝내는 전기공학 개론
저자 비피기술거래 / 60,000

**158** 4차 산업혁명 파생 기술 시리즈; 반도체 공정 중 다공성 회전 바이스 산업 분석
저자 비피기술거래 / 60,000

**159** 한권으로 끝내는 블록체인 원천 기술: 현대의 암호학
저자 비피기술거래 / 60,000

**160** 4차산업혁명 파생기술 시리즈: 수소에너지 제조 기술
저자 비피기술거래 / 60,000

**161** 당신도 할 수 있다 청춘 재테크; 자취방부터 주택 청약까지
저자 서울대OB주식연구회 / 30,000

**162** ~~캠핑 마스터, 오감으로 즐기는 365일 캠핑~~
~~편집 비피엔터컨텐츠연구소 / 30,000~~

**163** 4차산업혁명 파생기술 시리즈: 에너지 저장 기술 (ESS) (20190425 절판)
저자 비피기술거래 / 60,000

**164** 제4차 산업혁명의 꽃 전장사업: 왜 삼성은 전장사업에 목숨을 걸까
저자 비피기술거래 / 60,000

**165** PD, 작가들이 즐겨보는 방송소재집; 요식업 창업 전략 '냉면' 편
편집 비피엔터컨텐츠연구소 / 30,000

**166** 청춘 산업 보고서; PD, 드라마 작가, 소설가들이 꼭 봐야할 참신한 이야기
편집 비피엔터컨텐츠연구소 / 30,000

**167**-1 [개정판] 4차 산업혁명 벨류체인 및 ICT 산업 전략 분석
저자 비피기술거래 / 60,000

**168** 잘 나가는 BJ 들의 비밀 코드; 1인 미디어 플랫폼 시장 산업 분석
편집 비피엔터컨텐츠연구소 / 30,000

**169** 동호인 테니스, 고수가 되는 법은 손목에 있다
저자 박기혁 / 25,000

**170** 인터넷쇼핑 싸게 잘하는 핵꿀팁
편집 비피엔터컨텐츠연구소 · 조아영 / 30,000

**171** 떠오르는 태양 E-SPORTS
편집 비피엔터컨텐츠연구소 / 30,000

**172** 인공지능 시대에 대비한 지방대생 성공전략
저자 김송호 / 30,000

**173**-1 [개정판] 주식투자자들이 꼭 알아야 할 인공지능 트렌드와 주요기업 현황
저자 비피기술거래 · 한상훈 / 60,000

**174**-1 [개정판] 인슈어테크 산업전망 및 발전전략 보고서
저자 비피기술거래 / 60,000

**175**-1 가상현실, 증강현실 산업 분석
저자 비피기술거래 / 60,000

**176** 연수 첫 날 나눠주는 다른 회사 메뉴얼 훔쳐보기
저자 박기혁 · 비피기술거래 / 30,000

**177** 세계 환경과 관련한 사건, 사고 분석 보고서
저자 비피기술거래 / 60,000

**178** 4차 산업혁명을 현명하게 헤쳐나갈 유아교사를 위한 안내서
저자 비피교육연구소 / 30,000

**179**-1 [개정판] 4차 산업혁명 시대의 바이오 산업 분석 보고서
저자 비피기술거래 / 60,000

**180** 잘 팔리는 책을 빨리 쓰는 방법; 커피타임즈 글쓰기 책내기 센터 전략서
저자 비피기술거래 / 30,000

**181** 미생 몸매 소유자가 들려주는 완생 다이어트 (한국어,베트남어)
저자 비피기술거래 / 30,000

**182**-1 [개정판] 정부도 인정한 4차 산업의 핵심, GAME 산업의 1 to 100
저자 비피기술거래 / 60,000

**183** 경력단절 여성들이여 친정오빠 말대로 글쓰고 책내서 돈도 벌렴
저자 비피기술거래 / 25,000

**184** 4차 산업혁명 시대의 로봇 백서; 로봇 기술의 모든 것
저자 비피기술거래 / 60,000

**185** 디스플레이 전쟁
저자 비피기술거래 / 60,000

**186** 베트남에서 사업하고 싶은 사람을 위한 베트남 정보 개론
저자 비피기술거래 / 60,000

**187** 현직카페 사장 100인이 말하는 카페손님으로서의 공부족 연구
저자 비피기술거래 / 30,000

**188** O2O 전쟁터 4차 산업혁명 시대의 숙박산업 보고서
저자 비피기술거래 / 60,000

**189** 리스닝 완벽하게 하기; 말하는 사람의 단어 하나하나를 충실히 듣기와 새기기
저자 비피기술거래 / 30,000

**190**-1 [개정판] 인공지능 기술과 콘텐츠 전쟁의 현주소; 최신 기술 및 유망산업 백서
저자 비피기술거래 / 60,000

**191** 정부도 인정한 4차 산업의 핵심, GAME 산업의 1 to 100 (한국어베트남어)
저자 비피기술거래 / 60,000

**192** 마음의 힐링, 인생 사업의 혁신을 위해 알래스카를 다녀와야 할 45가지 이유
저자 비피기술거래 / 60,000

**193**-1 [개정판] 백세시대를 준비하는 헬스케어 산업의 동향과 전망
저자 비피기술거래 / 60,000

**194** 마이크로웨이브 건조기술 백서
저자 비피기술거래 / 60,000

**195** 인도에서 사업하고 싶은 사람을 위한 인도 정보 개론
저자 비피기술거래 · 박기혁 공저 / 30,000

**196** 현장의 유아교사를 위한 유아 교육프로그램
저자 비피교육연구소 / 30,000

**197** 화장품 사업 개론
저자 비피기술거래 / 30,000

**198**-1 [개정판] 4차 산업혁명의 핵심; 에너지 신기술 보고서
저자 비피기술거래 · 한상훈 / 60,000

**199** 4차 산업과 마이스(MICE) 컨벤션 산업의 발전 (한국어,베트남어)
저자 비피기술거래 / 30,000

**200** 혼자 영화 보기의 46가지 장점과 소확행 이야기
저자 비피기술거래 / 30,000

# BP Book List

| 번호 | 제목 / 저자 / 가격 |
|---|---|
| 201-1 | [개정판] 이너뷰티와 4차 산업혁명의 만남; 건강기능식품 산업 보고서<br>저자 비피기술거래 / 60,000 |
| 202 | MIT 10대 유망 기술과 유관 산업 분석<br>저자 비피기술거래 / 30,000 |
| 203 | 동호인 테니스, 배드민턴처럼 치면 금방 고수가 된다<br>저자 박기혁 / 25,000 |
| 204 | PD, 작가들이 즐겨보는 방송소재집;청춘이 열광하는 음악에 대한 이야기<br>저자 비피엔터컨텐츠연구소 / 30,000 |
| 205 | 카페 커피숍 무조건 망하니까 절대 하지마라 (베트남어)<br>저자 비피베트남어연구회 / 30,000 |
| 206 | 모으고, 절약하고, 불리는 재테크의 모든 것<br>저자 서울공대OB주식연구회 / 30,000 |
| 207 | 누구나 쉽게 무료로 저자가 될 수 있다<br>저자 비피생활문화연구소 / 30,000 |
| 208 | 작지만 강한 카페로 살아남는 법; 책 저자를 무료로 만들어 주는 카페<br>저자 비피생활문화연구소 / 30,000 |
| 209-1 | [개정판] 4차 산업시대의 스마트 가전<br>저자 비피기술거래 / 60,000 |
| 210 | 베트남인 생활 관찰 정보를 통한 유망 사업 수요 분야 정리<br>저자 비피기술거래 / 30,000 |
| 211 | 좋은 수업을 꿈꾸는 유아교사를 위한 발문 안내서<br>저자 비피교육연구소 / 30,000 |
| 212 | 중미 무역 전쟁; 뉴패러다임의 도래와 우리의 과제<br>저자 비피기술거래 / 30,000 |
| 213-1 | [개정판] 5G 시대의 도래와 정보 보안<br>저자 비피기술거래 / 60,000 |
| 214-1 | [개정판] 4차 산업혁명 시대의 교육 산업의 변화<br>저자 비피교육연구소 / 30,000 |
| 215-1 | [개정판] 4차 산업혁명과 힐링산업 코드<br>저자 비피기술거래 / 30,000 |
| 216-1 | [개정판] 4차 산업혁명 시대의 무인산업 안내서<br>저자 비피기술거래 / 60,000 |
| 217 | 작은 카페 차려서 망하지 않으려면 카페와 출판사를 같이 차려라<br>저자 비피생활문화연구소 / 30,000 |
| 218 | 잘 팔리는 책을 빨리 쓰는 방법; 커피타임즈 글쓰기 책내기 센터_베트남어<br>저자 비피베트남어연구회 / 30,000 |
| 219 | 4차 산업혁명과 공유 경제; 공유 플랫폼 전략<br>저자 비피기술거래 / 30,000 |
| 220 | 작은 카페 창업은 셀프 카페, 스터디 카페, 무인 카페로 손해를 줄여라<br>저자 비피생활문화연구소 / 30,000 |
| 221 | 독후감으로 읽는 대학생이라면 꼭 읽어야 할 필독도서<br>저자 비피교육연구소 / 30,000 |
| 222 | 비평문으로 읽는 대학생이라면 꼭 읽어야 할 필독도서<br>저자 비피교육연구소 / 30,000 |
| 223 | 산업 트렌드로 꿰뚫는 창업전략; 코인노래방<br>저자 비피생활문화연구소 / 30,000 |
| 224 | 한반도 폭염을 정책과 사업, 소확행 관점에서 심상치 않게 볼 57가지 이유<br>저자 비피기술거래 / 30,000 |
| 225 | 4차 산업혁명시대의 자율주행 자동차 산업백서<br>저자 비피기술거래 / 60,000 |
| 226 | 3일 만에 책 한 권 쓰기 프로젝트 (베트남어)<br>저자 비피베트남어연구회 / 30,000 |
| 227 | 미술활동을 좋아하는 유아교사를 위한 아동미술심리 입문하기<br>저자 비피교육연구소 / 30,000 |
| 228 | 새벽 지하철이 부와 건강을 가져다주는 26가지 이유; 소확행과 글쓰기<br>저자 비피생활문화연구소 / 30,000 |
| 229 | 창업 대비 필수 마케팅 전략 보고서<br>저자 비피기술거래 / 30,000 |
| 230 | PD, 작가들이 즐겨보는 방송소재집; 글쓰기로 우울증 극복하는 방법<br>저자 비피기술거래 / 30,000 |
| 231 | 하루만에 끝내는 전자회로 개론<br>저자 비피생활문화연구소 / 30,000 |
| 232 | 누구나 쉽게 무료로 저자가 될 수 있다 (베트남어)<br>저자 비피베트남어연구회 / 30,000 |
| 233 | PD, 작가들이 즐겨보는 스토리 소재집; 치과의사와 치과병원편<br>저자 비피생활문화연구소 / 30,000 |
| 234 | 잘 나가는 유튜브와 책 만들기; 13가지 이유라는 식으로 제목을 잡아라<br>저자 비피생활문화연구소 / 30,000 |
| 235 | LG화학주식 매수 전 알아야 할 용어와 이슈 54가지<br>저자 서울공대OB주식연구회 / 30,000 |
| 236 | 작지만 강한 카페로 살아남는 법; 책 저자를 무료로 만들어 주는 카페(베트남어)<br>저자 비피베트남어연구회 / 30,000 |
| 237 | 박항서 감독이 몰고 온 베트남 바람<br>저자 비피기술거래 / 30,000 |
| 238 | 삼성전자 주식 매수 전 알아야 할 용어와 이슈 30가지<br>저자 서울공대OB주식연구회 / 30,000 |
| 239 | 회사의 자금을 원활히 조달하는 방법; 작은 회사 대표도 할 수 있는 미니 M&A<br>저자 비피기술거래 / 30,000 |
| 240 | 해외에서 글을 쓰면 빨리 좋은 글이 써지는 59가지 이유; 소확행적 해외 글쓰기 꿀팁<br>저자 비피생활문화연구소 / 30,000 |
| 241 | 미국 방열기판 시장 동향 조사 분석<br>저자 비피기술거래 / 60,000 |
| 242 | 장사가 부진한 카페는 상담 카페로 전환해서 적자를 면하라<br>저자 비피생활문화연구소 / 30,000 |
| 243 | 해외에서 유튜브 아이디어를 구상하면 좋은 63가지 이유; 유튜브 시장 성공전략 1<br>저자 비피생활문화연구소 / 30,000 |
| 244 | 잘 나가는 웹툰 만들기; 13가지 이유라는 식으로 제목을 잡아라<br>저자 비피생활문화연구소 / 30,000 |
| 245 | 예술의 17가지 속성을 이해해야 1인 미디어로 돈 번다; 유튜브 시장 성공전략 2<br>저자 비피생활문화연구소 / 30,000 |
| 246 | 셀트리온 3형제 주식 매수 전 알아야 할 이슈와 용어 34가지<br>저자 서울공대OB주식연구회 / 30,000 |
| 247 | 중국 방문 없이 중국을 빠르게 이해하는 법; 유튜브 시장 성공전략 3<br>저자 비피생활문화연구소 / 30,000 |
| 248 | 원격의료 그 논란의 속살을 파헤친다<br>저자 비피기술거래 / 60,000 |
| 249 | 4개 국어에 능통하면 유튜버와 소확행에 좋은 10가지 이유; 유튜브 시장 성공전략 4<br>저자 비피생활문화연구소 / 30,000 |
| 250 | 닌텐도 주식 투자 전 알아야 할 닌텐도의 모든 것<br>저자 서울공대OB주식연구회 / 30,000 |

| No. | 제목 / 저자 / 가격 |
|---|---|
| 251 | 외국어 들리는 대로 한글로 적어라; 4개 국어 하는 취준생 양성 프로젝트 1<br>저자 비피생활문화연구소 / 30,000 |
| 252 | 4개 국어 하는 고경력 은퇴자 양성 프로젝트 1; 외국어 들리는 대로 한글로 적어라<br>저자 비피생활문화연구소 / 30,000 |
| 253 | 전문가가 말하는 화장품업 진입 및 미래 생존전략; 사업자를 위한 화장품 정보 각론<br>저자 비피뷰티바이오사업부 / 30,000 |
| 254 | 미국이 중국 푸젠반도체를 제재함의 경제 정책적 의미; 주식 시장 영향 분석집 1<br>저자 서울공대OB주식연구회 / 30,000 |
| 255 | SK텔레콤 주식 매수 전 알아야 할 용어와 이슈 41가지; 주식 시장 영향 분석집 2<br>저자 서울공대OB주식연구회 / 30,000 |
| 256 | 동진쎄미켐 주식 매수 전 알아야 할 용어와 이슈 55가지; 주식 시장 영향 분석집 3<br>저자 서울공대OB주식연구회 / 30,000 |
| 257 | 중국 푸젠반도체를 트럼프가 제재함의 산업 정책적 의미; 정책가와 테크노파크 연구원 필독서 1<br>저자 비피기술거래 / 30,000 |
| 258 | 외국어 들리는 대로 한글로 적어라; 4개 국어 하는 기업 간부 양성 프로젝트 1<br>저자 비피생활문화연구소 / 30,000 |
| 259 | 중국제조 2025; 미중 무역 전쟁의 배경과 전망<br>저자 비피기술거래 / 30,000 |
| 260 | 아디다스, 나이키 주식 매수 전 알아야 할 키워드 48가지; 주식 시장 영향 분석집 4<br>저자 서울공대OB주식연구회 / 30,000 |
| 261 | 공부의 신들이 말하는 변호사 시험 무조건 합격하는 법 1; 주관식 시험 눈으로만 보면 망한다<br>저자 비피생활문화연구소 / 30,000 |
| 262 | 신라젠 주식 매수 전 알아야 할 용어와 이슈 30가지; 주식 시장 영향 분석집 5<br>저자 서울공대OB주식연구회 / 30,000 |
| 263 | 키워드를 선점해야 돈 번다; 유튜브 시장 성공전략 5<br>저자 비피생활문화연구소 / 30,000 |
| 264 | 해외에서 글을 쓰면 빨리 좋은 글이 써지는 59가지 이유 (베트남어)<br>저자 비피베트남어연구회 / 30,000 |
| 265 | 삼성바이오로직스 주식 매수 전 알아야 할 용어와 이슈 54가지; 주식 시장 영향 분석집 6<br>저자 서울공대OB주식연구회 / 30,000 |
| 266 | 푸젠반도체를 둘러싼 미중 무역전쟁과 반도체 상식 늘리기; 취업 면접 대비집<br>저자 비피기술거래 / 30,000 |
| 267 | 탄수화물 섭취 체계적으로 줄이기; 건강하게 다이어트 하는 법 1<br>저자 비피생활문화연구소 / 30,000 |
| 268 | 주관식 시험 눈으로만 보면 망한다; 공부의 신들이 말하는 행정고시 무조건 합격하는 법 1<br>편집 비피엔터컨텐츠연구소 / 30,000 |
| 269 | 네이버 주식 매수 전 알아야 할 키워드 39가지; 주식 시장 영향 분석집 7<br>저자 서울공대OB주식연구회 / 30,000 |
| 270 | 책 읽어주는 유튜브; 유튜브 시장 성공전략 6<br>저자 비피생활문화연구소 / 30,000 |
| 271 | 게임 관련 기업 주식 매수 전 알아야 할 용어와 이슈 31가지; 주식 시장 영향 분석집 8<br>저자 서울공대OB주식연구회 / 30,000 |
| 272 | 한미약품 주식 매수 전 알아야 할 용어와 이슈 56가지; 주식 시장 영향 분석집 9<br>저자 서울공대OB주식연구회 / 30,000 |
| 273 | 미디어 플랫폼 기업 주식 매수 전 알아야 할 용어와 이슈 30가지; 주식 시장 영향 분석집 10<br>저자 서울공대OB주식연구회 / 30,000 |
| 274 | 투잡 유튜버가 돼야 오래 간다; 유튜브 시장 성공전략 7<br>저자 비피생활문화연구소 / 30,000 |
| 275 | 외국어 문법 상관없이 듣고 적어라; 4개 국어 하는 유튜버 양성 프로젝트 1<br>저자 비피생활문화연구소 / 30,000 |
| 276 | 4차 산업혁명 시대를 뒷받침하는 핵심 소재 이야기<br>저자 비피기술거래 / 60,000 |
| 277 | 외국어 2음절씩 리듬 타고 들어라; 4개 국어 하는 유튜버 양성 프로젝트 2<br>저자 비피생활문화연구소 / 30,000 |
| 278 | 대웅제약 주식 매수 전 알아야 할 용어와 이슈 58가지; 주식 시장 영향 분석집 11<br>저자 서울공대OB주식연구회 / 30,000 |
| 279 | 장기적 불황을 타개하고 산업을 선도할 수출 효자 종목 및 국내 유망 신산업 11가지<br>저자 비피기술거래 / 30,000 |
| 280 | 역량의 10프로만 유튜브에 투자하라; 출판사에서 유튜브 회사로의 전환 전략 1<br>저자 비피생활문화연구소 / 30,000 |
| 281 | 베스트 요약으로 제목과 타겟을 정하라; 출판사에서 유튜브 회사로의 전환 전략 2<br>저자 비피생활문화연구소 / 30,000 |
| 282 | GC녹십자 주식 매수 전 알아야 할 용어와 이슈 62가지; 주식 시장 영향 분석집 12<br>저자 서울공대OB주식연구회 / 30,000 |
| 283 | 카카오뱅크 모임통장이 대박 난 이유; 주식 시장 영향 분석집 13<br>저자 서울공대OB주식연구회 / 30,000 |
| 284 | 한국전력 주식 매수 전 알아야 할 용어와 이슈; 주식 시장 영향 분석집 14<br>저자 서울공대OB주식연구회 / 30,000 |
| 285 | 화학회사들이 올인하는 TIM과 엘라스토머 등 전기차 방열문제 트렌드; 주식 시장 영향 분석집 15<br>저자 서울공대OB주식연구회 / 30,000 |
| 286 | 일동제약 주식 매수 전 알아야 할 용어와 이슈 49가지; 주식 시장 영향 분석집 16<br>저자 서울공대OB주식연구회 / 30,000 |
| 287 | 유한양행 주식 매수 전 알아야 할 용어와 이슈 48가지; 주식 시장 영향 분석집 17<br>저자 서울공대OB주식연구회 / 30,000 |
| 288 | 전자책 이북과 유튜브를 같이 하라; 출판사에서 유튜브 회사로의 전환 전략 3<br>저자 비피생활문화연구소 / 30,000 |
| 289 | 종근당 주식 매수 전 알아야 할 용어와 이슈 52가지; 주식 시장 영향 분석집 18<br>저자 서울공대OB주식연구회 / 30,000 |
| 290 | 한 권으로 살펴보는 에너지저장시스템 (ESS)<br>저자 비피기술거래 / 60,000 |
| 291 | 의미 부여로 단어를 외우고 눈으로 받아쓰라_ 4개 국어 하는 유튜버 양성 프로젝트 3<br>저자 비피생활문화연구소 / 30,000 |
| 292 | 현대자동차 주식 매수 전 알아야 할 용어와 이슈_ 주식 시장 영향 분석집 19<br>저자 서울공대OB주식연구회 / 30,000 |
| 293 | 에너지저장시스템(ESS)과 관련한 최신 이슈 26가지<br>저자 비피기술거래 / 60,000 |
| 294 | 사회복지직공무원 시험 마약 암기법<br>저자 비피공무원시험연구소 / 30,000 |
| 295 | JW중외제약의 핫 키워드와 이슈 모르면 주식 대박 힘들다<br>저자 서울공대OB주식연구회 / 30,000 |
| 296 | 9급 일반행정직 시험 모르면 나만 떨어지는 마약 암기법<br>저자 비피공무원시험연구소 / 30,000 |
| 297 | 9급 일반행정직 마약 암기에 따른 문제풀이법<br>저자 비피공무원시험연구소 / 30,000 |
| 298 | 반도체주의 핫 키워드와 이슈 모르면 주식 대박 힘들다_ SK하이닉스 편<br>저자 서울공대OB주식연구회 / 30,000 |
| 299 | 자율주행 자동차주의 핫 키워드와 이슈 모르면 주식 대박 힘들다_ 현대모비스 편<br>저자 서울공대OB주식연구회 / 30,000 |
| 300 | 7급 일반행정직 공무원시험 모르면 나만 떨어지는 마약 암기법<br>저자 비피공무원시험연구소 / 30,000 |

# BP Book List

| | | | |
|---|---|---|---|
| 301 | JLPT N4,N5 단어 기독교 신앙심으로 초스피드 외우기<br>저자 비피일본어연구회 / 19,500 | 326 | 5G 시대 IOT 최대 수혜주 3대 기업과 핵심이슈 모르면 주식 대박 힘들다<br>저자 서울공대OB주식연구회 / 19,500 |
| 302 | 최단시간으로 중국어 HSK 2~4급 획득하는 법<br>저자 비피중국어연구회 / 19,500 | 327 | 한국전력 취업을 위해 꼭 알아야 할 용어와 이슈<br>저자 비피기술거래 / 19,500 |
| 303 | 1인 미디어플랫폼주의 핫 키워드와 이슈 모르면 주식 대박 힘들다<br>저자 서울공대OB주식연구회 / 19,500 | 328 | 5급 공무원 2차 주관식시험 반드시 합격한다_ 서브노트 과연 필요한가<br>저자 최단시간공무원시험연구소 / 19,500 |
| 304 | 5G 빅사이클 시작, 이동통신 3사의 핫 키워드와 이슈 모르면 주식 대박 힘들다<br>저자 서울공대OB주식연구회 / 19,500 | 329 | 핀테크(FinTech)관련 산업 전망과 핵심기업 핫이슈<br>저자 비피기술거래 / 19,500 |
| 305 | 5G 최대수혜주, 통신장비업종 3사의 핫 키워드와 이슈 모르면 주식 대박 힘들다<br>저자 서울공대OB주식연구회 / 19,500 | 330 | 수능 일본어 한글 활용 단어장과 최단시간 암기법<br>저자 최단시간일본어연구회 / 19,500 |
| 306 | 기출로 보는 임상심리사 2급 필기_ 최단 시간 마약 암기 문제풀이법<br>저자 최단시간임상심리사연구회 / 19,500 | 331 | 유한양행 취업을 위해 꼭 알아야 할 용어와 이슈<br>저자 비피기술거래 / 19,500 |
| 307 | 전교 20등을 전교 5등으로 만드는 문제풀이법<br>저자 전교5등클리닉 / 19,500 | 332 | 미중 무역전쟁 최대수혜주 5대 기업과 핫이슈 모르면 주식 대박 힘들다<br>저자 서울공대OB주식연구회 / 19,500 |
| 308 | 5G 최대수혜주, 5G폰 부품업체 4사의 핫 키워드와 이슈 모르면 주식 대박 힘들다<br>저자 서울공대OB주식연구회 / 19,500 | 333 | 종근당 취업을 위해 꼭 알아야 할 용어와 이슈<br>저자 비피기술거래 / 19,500 |
| 309 | 핀테크 관련 최대수혜주의 핫 키워드와 이슈 모르면 주식 대박 힘들다<br>저자 서울공대OB주식연구회 / 19,500 | 334 | 최단시간에 수능 이과 수학 풀려면 3단계법으로 하라<br>저자 최단시간수능시험연구회 / 19,500 |
| 310 | 9급 법원직 공무원시험 모르면 나만 떨어지는 마약 암기법<br>저자 최단시간공무원시험연구소 / 19,500 | 335 | 현대자동차 취업을 위해 꼭 알아야 할 용어와 이슈<br>저자 비피기술거래 / 19,500 |
| 311 | 주택관리사 민법총칙 직장 다니며 공부하는 노하우와 최단시간 문제풀이법<br>저자 최단시간주택관리사시험연구소 / 19,500 | 336 | SK하이닉스 취업을 위해 꼭 알아야 할 용어와 이슈<br>저자 비피기술거래 / 19,500 |
| 312 | 신라젠 회사 취업을 위해 꼭 알아야 할 용어와 이슈<br>저자 비피기술거래 / 19,500 | 337 | 교육서비스 관련 5대 기업과 핵심이슈 모르면 주식 대박 힘들다<br>저자 서울공대OB주식연구회 / 19,500 |
| 313 | 7급 공무원 행정법 암기 노하우와 최단시간 문제풀이법<br>저자 최단시간공무원시험연구소 / 19,500 | 338 | 현대모비스 취업을 위해 꼭 알아야 할 용어와 이슈<br>저자 비피기술거래 / 19,500 |
| 314 | 불황없는 엔젤산업 최대수혜주 핫 키워드와 이슈 모르면 주식 대박 힘들다<br>저자 비피기술거래 / 19,500 | 339 | 4차 산업혁명 핵심분야 핫 키워드와 이슈 모르면 주식 대박 힘들다<br>저자 서울공대OB주식연구회 / 19,500 |
| 315 | 9급 공무원 행정학 암기 노하우와 최단시간 기출문제풀이법<br>저자 최단시간공무원시험연구소 / 19,500 | 340 | 법원행시 주관식 시험 표출해야 합격한다_ 민법 점수 올리는 꿀팁<br>저자 최단시간법원행시연구회 / 19,500 |
| 316-1 | [개정판] 삼성바이오로직스 취업을 위해 꼭 알아야 할 용어와 이슈<br>저자 비피기술거래 / 19,500 | 341 | 4차 산업혁명 바이오, 에너지 분야 핫이슈 모르면 주식 대박 힘들다<br>저자 서울공대OB주식연구회 / 19,500 |
| 317 | 9급 공무원 행정학 모르면 나만 떨어지는 핵심 키워드 (인사편)<br>저자 최단시간공무원시험연구소 / 19,500 | 342 | 스마트팩토리 최대수혜주 2대 기업과 핫이슈 모르면 주식 대박 힘들다<br>저자 서울공대OB주식연구회 / 19,500 |
| 318 | SK텔레콤 취업을 위해 꼭 알아야 할 용어와 이슈<br>저자 비피기술거래 / 19,500 | 343 | 1인 미디어플랫폼 회사 취업을 위해 꼭 알아야 할 용어와 이슈<br>저자 비피기술거래 / 19,500 |
| 319 | 토익 LC 고득점을 위해 헷갈리는 부분 정복하기_ 영국 호주식 발음<br>저자 최단시간토익시험연구소 / 19,500 | 344 | 5G시대 이동통신 회사 취업을 위해 꼭 알아야 할 용어와 이슈<br>저자 비피기술거래 / 19,500 |
| 320 | 공부의 신들이 말하는 변리사 시험 무조건 합격하는 법_ 주관식 시험 눈으로만 보면 망한다<br>저자 최단시간변리사시험연구소 / 19,500 | 345 | 세무사 2차 시험 무조건 합격하는 법_ 눈으로만 보면 주관식 시험은 망한다<br>저자 최단시간세무사시험연구회 / 19,500 |
| 321 | 4차 산업혁명의 핵심 스마트시티 최대 수혜주 핫 키워드와 이슈 모르면 주식 대박 힘들다<br>저자 서울공대OB주식연구회 / 19,500 | 346 | 5G시대 미디어 콘텐츠 산업 핫 키워드와 이슈 모르면 주식 대박 힘들다<br>저자 서울공대OB주식연구회 / 19,500 |
| 322 | 대웅제약 취업을 위해 꼭 알아야 할 용어와 이슈<br>저자 비피기술거래 / 19,500 | 347 | 보험계리사 2차 필수합격을 위한 공부법과 서브노트의 필요성<br>저자 최단시간보험계리사연구소 / 19,500 |
| 323 | 블록체인 플랫폼 최대수혜주 4대 기업과 핵심이슈 모르면 주식 대박 힘들다<br>저자 서울공대OB주식연구회 / 19,500 | 348 | 5G시대 통신장비업종 취업을 위해 꼭 알아야 할 용어와 이슈<br>저자 비피기술거래 / 19,500 |
| 324 | GC녹십자 취업을 위해 꼭 알아야 할 용어와 이슈<br>저자 비피기술거래 / 19,500 | 349 | 최단시간에 주택관리사 회계원리 개념과 문제풀이 쉽게 정복하는 법<br>저자 최단시간주택관리사연구소 / 19,500 |
| 325 | 9급 법원직 공무원시험 민법총칙 직장 다니며 공부하는 노하우와 최단시간 문제풀이법<br>저자 최단시간공무원시험연구소 / 19,500 | 350 | 5G폰 부품업체 취업을 위해 꼭 알아야 할 용어와 이슈<br>저자 비피기술거래 / 19,500 |

# BP Book List

351 日 반도체소재 수출규제에 따른 최대수혜주와 이슈 모르면 주식 대박 힘들다
저자 서울공대OB주식연구회 / 19,500

352 최단시간에 전산회계 1급 이론과 개념 정복하기
저자 최단시간전산회계연구회 / 19,500

353 5G시대 게임 산업 핫 키워드와 이슈 모르면 주식 대박 힘들다
저자 서울공대OB주식연구회 / 19,500

354 핀테크 관련 기업 취업을 위해 꼭 알아야 할 용어와 이슈
저자 비피기술거래 / 19,500

355 사회초년생을 위한 자산관리 필독서
저자 비피기술거래 / 19,500

356 엔젤산업 관련 기업 취업을 위해 꼭 알아야 할 용어와 이슈
저자 비피기술거래 / 19,500

357 스마트시티 관련 기업 취업을 위해 꼭 알아야 할 용어와 이슈
저자 비피기술거래 / 19,500

358 블록체인 플랫폼 기업 취업을 위해 꼭 알아야 할 용어와 이슈
저자 비피기술거래 / 19,500

359 IOT 관련 기업 취업을 위해 꼭 알아야 할 용어와 이슈
저자 비피기술거래 / 19,500

360 교육서비스 관련 기업 취업을 위해 꼭 알아야 할 용어와 이슈
저자 비피기술거래 / 19,500

361 4차 산업혁명 핵심분야 취업을 위해 꼭 알아야 할 용어와 이슈
저자 비피기술거래 / 19,500

362 4차 산업혁명 바이오, 에너지 분야 취업을 위해 꼭 알아야 할 용어와 이슈
저자 비피기술거래 / 19,500

363 스마트팩토리 관련 기업 취업을 위해 꼭 알아야 할 용어와 이슈
저자 비피기술거래 / 19,500

364 미디어, 콘텐츠 관련 기업 취업을 위해 꼭 알아야 할 용어와 이슈
저자 비피기술거래 / 19,500

365 경영지도사 2차 나만의 주관식 문제집을 만들어야 반드시 합격한다
저자 최단시간경영지도사연구회 / 19,500

366 제약 바이오 산업 최대수혜주 5개 기업과 이슈 모르면 주식 대박 힘들다
저자 서울공대OB주식연구회 / 19,500

367 아프리카 돼지열병 관련 7개 기업과 이슈 모르면 주식 대박 힘들다_
저자 서울공대OB주식연구회 / 19,500

368 日반도체소재 수출규제로 떠오르는 기업 취업을 위해 꼭 알아야 할 용어와 이슈
저자 비피기술거래 / 19,500

369 게임 산업 관련 기업 취업을 위해 꼭 알아야 할 용어와 이슈
저자 비피기술거래 / 19,500

370 공인중개사 남들보다 하루라도 먼저 붙는 방법
저자 최단시간공인중개사연구회 / 19,500

371 네이버 취업을 위해 꼭 알아야 할 용어와 이슈
저자 비피기술거래 / 19,500

372 폴더블 스마트폰 시대 최대수혜주 5개 기업과 이슈 모르면 주식 대박 힘들다
저자 서울공대OB주식연구회 / 19,500

373 사회조사분석사 2급 필답형 핵심키워드 간단하게 외워 합격하기
저자 최단시간사조사연구회 / 19,500

374 제약 바이오 산업 관련 기업 취업을 위해 꼭 알아야 할 용어와 이슈
저자 비피기술거래 / 19,500

375 고령사회 실버산업 핫키워드와 이슈 모르면 주식 대박 힘들다
저자 서울공대OB주식연구회 / 19,500

376 개업공인중개사의 네트워크 활동을 통한 경영성과 향상방안
저자 이강복 / 23,000

377 한미약품 취업을 위해 꼭 알아야 할 용어와 이슈
저자 비피기술거래 / 19,500

378 영어 긴 문장도 듣고 말할 수 있는 직효 방법_ 유학준비생을 위한 책
저자 최단시간영어연구회 / 19,500

379 일동제약 취업을 위해 꼭 알아야 할 용어와 이슈
저자 비피기술거래 / 19,500

380 오픈뱅킹과 금융플랫폼 최대수혜주 기업과 이슈 모르면 주식 대박 힘들다
저자 서울공대OB주식연구회 / 19,500

381 행정고시 스트레스나 우울증 없이 쉽게 합격하는 법
저자 최단시간행정고시연구회 / 19,500

382 JW중외제약 취업을 위해 꼭 알아야 할 용어와 이슈
저자 비피기술거래 / 19,500

383 아프리카 돼지열병 관련 기업 취업을 위해 꼭 알아야 할 용어와 이슈
저자 비피기술거래 / 19,500

384 일본어 직청직해로 어휘의 범위를 넓혀라_ 일본 유학준비생을 위한 조언
저자 최단시간일본어연구회 / 19,500

385 투자선호국 1위 베트남 진출 최대수혜주 기업과 이슈 모르면 주식 대박 힘들다
저자 서울공대OB주식연구회 / 19,500

386 폴더블 스마트폰 관련 기업 취업을 위해 꼭 알아야 할 용어와 이슈
저자 비피기술거래 / 19,500

387 이차전지 최대수혜주 5개 기업과 이슈 모르면 주식 대박 힘들다
저자 서울공대OB주식연구회 / 19,500

388 OLED 디스플레이 최대수혜주 7개 기업과 이슈 모르면 주식 대박 힘들다
저자 서울공대OB주식연구회 / 19,500

389 고령사회 실버산업 관련 기업 취업을 위해 꼭 알아야 할 용어와 이슈
저자 비피기술거래 / 19,500

390 자동화시대 정보보안산업 최대수혜주 6개 기업과 이슈 모르면 주식 대박 힘들다
저자 서울공대OB주식연구회 / 19,500

391 신참법조인(변호사, 법무사, 행정사)이 개업 전 전문서적 읽고 정보 습득하는 법
저자 법조연구회 / 19,500

392 급변하는 새로운 금융플랫폼 관련 기업 취업을 위해 알아야 할 용어와 이슈
저자 비피기술거래 / 19,500

393 인플루언서 마케팅 관련 핫 키워드와 이슈 모르면 주식 대박 힘들다
저자 서울공대OB주식연구회 / 19,500

394 비법예문 500가지로 수능 일본어 단어 2달 안에 다 외우기
저자 최단시간일본어연구회 / 19,500

395 2020년 대세 멀티카메라 최대수혜주 5개 기업과 이슈 모르면 주식 대박 힘들다
저자 서울공대OB주식연구회 / 19,500

396 행정사 시험의 시작부터 합격 후의 모든 것 Q_A 가이드
저자 법조연구회 / 19,500

397 신참법조인(변호사, 법무사, 행정사)을 위한 바이오 분야 이슈 및 용어 필독서
저자 법조연구회 / 19,500

398 법조인(변호사, 법무사, 행정사)이 강의 할 때 실수하는 32가지 사례 분석
저자 법조연구회 / 19,500

399 법조인(변호사, 법무사, 행정사)의 영업 전략
저자 법조연구회 / 19,500

400 미세먼지 재난 최대수혜주 6개 기업과 이슈 모르면 주식 대박 힘들다
저자 서울공대OB주식연구회 / 19,500

# BP Book List

**401** 어때요 재수삼수로 의대 들어가기 (20년 3월판)
저자 의대입시연구회 / 19,500

**402** 베트남 진출 기업 취업을 위해 꼭 알아야 할 용어와 이슈
저자 비피기술거래 / 19,500

**403** 발포제 산업 최대수혜주 5개 기업과 이슈 모르면 주식 대박 힘들다
저자 서울공대OB주식연구회 / 19,500

**404** 화장품 산업 최대수혜주 4개 기업과 이슈 모르면 주식 대박 힘들다
저자 비피기술거래 / 19,500

**405** 법조인이 알아야 할 요기요 같은 배달배송업의 실태와 미래성
저자 법조연구회 / 19,500

**406** 한한령 해제 최대수혜주 5개 기업과 이슈 모르면 주식 대박 힘들다
저자 서울공대OB주식연구회 / 19,500

**407** 다문화 가족이 꼭 알고 있어야 손해 보지 않는 노동법
저자 법조연구회 / 19,500

**408** 재수삼수로 의대가기_ 수학도 결국 외운 것만 실력을 발휘한다
저자 의대입시연구회 / 19,500

**409** 차세대 디스플레이 관련 기업 취업을 위해 꼭 알아야 할 용어와 이슈
저자 비피기술거래 / 19,500

**410** 재수삼수로 의대가기_ 수학도 결국 외운 것만 실력을 발휘한다
저자 의대입시연구회 / 19,500

**411** 담배소매인 지정을 준비하는 사장님들이 꼭 알고 있어야 할 담배사업법
저자 법조연구회 / 19,500

**412** 신종 코로나바이러스 최대수혜주 6개 기업과 이슈 모르면 주식 대박 힘들다
저자 서울공대OB주식연구회 / 19,500

**413** 영업이 힘든 법조인을 위한 심리 위안서_ 그래도 법조인이 제일 낫다
저자 법조연구회 / 19,500

**414** 정보보안산업 관련 기업 취업을 위해 꼭 알아야 할 용어와 이슈
저자 비피기술거래 / 19,500

**415** 에너지 산업과 이차전지 관련 기업 취업을 위해 꼭 알아야 할 용어와 이슈
저자 비피기술거래 / 19,500

**416** 수제초콜릿 사업과 부업에 대한 가이드
저자 경제경영연구회 / 19,500

**417** 멀티카메라 관련 기업 취업을 위해 꼭 알아야 할 용어와 이슈
저자 비피기술거래 / 19,500

**418** 트렌디 마케팅 관련 기업 취업을 위해 꼭 알아야 할 용어와 이슈
저자 비피기술거래 / 19,500

**419** 어설퍼도 소설책이 될 만한 이북과 웹소설 빨리 쓰기 노하우
저자 컨텐츠연구회 / 19,500

**420** 셰일가스(Shale Gas) 최대수혜주 5개 기업과 이슈 모르면 주식 대박 힘들다
저자 서울공대OB주식연구회 / 19,500

**421** 1급 발암물질 미세먼지 관련 기업 취업을 위해 꼭 알아야 할 용어와 이슈
저자 비피기술거래 / 19,500

**422** MLCC 최대수혜주 5개 기업과 이슈 모르면 주식 대박 힘들다
저자 서울공대OB주식연구회 / 19,500

**423** 기초산업소재 발포제 관련 기업 취업을 위해 꼭 알아야 할 용어와 이슈
저자 비피기술거래 / 19,500

**424** 코로나19 백신 개발 최대수혜주 5개 기업과 이슈 모르면 주식 대박 힘들다
저자 서울공대OB주식연구회 / 19,500

**425** K뷰티 화장품 산업 관련 기업 취업을 위해 꼭 알아야 할 용어와 이슈
저자 비피기술거래 / 19,500

**426** 탁구장 사업의 전망과 개업을 위한 사업계획 가이드
저자 경제경영연구회 / 19,500

**427** 대중 수출 회복 관련 기업 취업을 위해 꼭 알아야 할 용어와 이슈
저자 비피기술거래 / 19,500

**428** 동호인 테니스 승리의 절대 정신 조건_ 집중력
저자 박기혁 / 19,500

**429** 코로나19 확산이 반도체 산업에 미치는 영향 및 고찰
저자 비피기술거래 / 19,500

**430** 코로나19 관련 기업 취업을 위해 꼭 알아야 할 용어와 이슈
저자 비피기술거래 / 19,500

**431** 개업 세무사의 경영판단 훈련_ 거절이나 승낙하기 애매한 제안에 대한 대처법
저자 세무업연구회 / 19,500

**432** 금융위기, 리츠(REITs) 최대수혜주 5개 기업과 이슈 모르면 주식 대박 힘들다
저자 서울공대OB주식연구회 / 19,500

**433** 사용후핵연료 처리기술 연구개발 동향
저자 비피기술거래 / 60,000

**434** 공실 상가주를 위한 해법_ 깔세, 임시세로 공실 해소하기
저자 경제경영연구회 / 19,500

**435** 코로나19 확산이 정유업계에 미치는 영향 및 고찰
저자 비피기술거래 / 19,500

**436** BP와 함께 하는 에너지소비효율등급표시제도 가이드
저자 비피기술거래 / 25,000

**437** 코로나19 백신 관련 기업 취업을 위해 꼭 알아야 할 용어와 이슈
저자 비피기술거래 / 19,500

**438** BP와 함께 하는 친환경농수산물 인증 취득 가이드
저자 비피기술거래 / 25,000

**439** 행정사와 경영지도사를 위한 BP와 함께 인증사업으로 수익 올리기
저자 비피기술거래 / 19,500

**440** BP와 함께 하는 지능형건축물 인증 취득 가이드
저자 비피기술거래 / 25,000

**441** BP와 함께 하는 품질경쟁력 우수기업 인증 취득 가이드
저자 비피기술거래 / 25,000

**442** BP와 함께 하는 GR마크(우수재활용제품인증마크) 취득 가이드
저자 비피기술거래 / 25,000

**443** BP와 함께 하는 위생안전기준 인증 취득 가이드
저자 비피기술거래 / 25,000

**444** 리츠(REITs) 관련 기업 취업을 위해 꼭 알아야 할 용어와 이슈
저자 비피기술거래 / 19,500

**445** 행정사, 경영, 기술지도사 실무를 위한 저공해자동차 인증 취득 가이드
저자 한국기술인증협회 / 25,000

**446** 행정사, 경영, 기술지도사 실무를 위한 방재신기술 인증 취득 가이드
저자 한국기술인증협회 / 25,000

**447** 행정 정책 공무원이 알아야 할 코로나 후 사회의 변화 모습과 대책
저자 비피기술거래 / 19,500

**448** 행정사, 경영, 기술지도사 실무를 위한 1등급 의료기기 인증 취득 가이드
저자 한국기술인증협회 / 25,000

**449** 행정사, 경영, 기술지도사 실무를 위한 전통식품품질 인증 취득 가이드
저자 한국기술인증협회 / 25,000

**450** 학원강사와 은퇴자들이여 인증관리사로 제2의 인생을 살아라
저자 한국기술인증협회 / 19,500

# BP Book List

**451** 관세사의 영업 전략_ 인증대행 세미나와 네트워크
저자 한국기술인증협회 / 19,500

**452** 행정사, 경영, 기술지도사 실무를 위한 웹 접근성 품질인증 취득 가이드
저자 한국기술인증협회 / 25,000

**453** 행정사, 경영, 기술지도사 실무를 위한 소프트웨어(프로세스)품질인증 취득 가이드
저자 한국기술인증협회 / 25,000

**454** 동호인 테니스 허리, 무릎 다치지 않고 오래 치게 관리하는 법
저자 박기혁 / 19,500

**455** 경영, 기술지도사, 행정사 실무를 위한 유기가공식품 인증 취득 가이드
저자 한국기술인증협회 / 25,000

**456** 4050 여성 다이어트 비법_ 음식 안 남기고 다 먹으려는 생각을 버려라
저자 비피생활문화연구소 / 19,500

**457** 경영, 기술지도사, 행정사 실무를 위한 농산물우수관리(GAP)인증 취득 가이드
저자 한국기술인증협회 / 25,000

**458** 상가 공실 임대주를 위한 코로나 후 변화한 사회에 대한 대응책
저자 비피기술거래 / 19,500

**459** 아무 주식이나 사도 오르던 20년 5월의 증시와 경제 의미 분석
저자 증권투자법조인클럽 / 19,500

**460** 경영, 기술지도사, 행정사 실무를 위한 어린이제품안전인증 취득 가이드
저자 한국기술인증협회 / 25,000

**461** 경영, 기술지도사, 행정사 실무를 위한 HACCP 인증 취득 가이드
저자 한국기술인증협회 / 25,000

**462** 화장품 사업자를 위한 포스트 코로나 시대에서 살아남는 법
저자 비피기술거래 / 19,500

**463** 경영, 기술지도사, 행정사 실무를 위한 환경성적표지(EPD)인증 취득 가이드
저자 한국기술인증협회 / 25,000

**464** 포스트 코로나 시대에 유튜버와 컨텐츠 사업자가 나아갈 길은 어디인가
저자 비피기술거래 / 19,500

**465** 경영, 기술지도사, 행정사 실무를 위한 LOHAS 인증 취득 가이드
저자 한국기술인증협회 / 25,000

**466** 포스트 코로나 시대 반도체 관련 기업 취업을 위한 용어와 이슈
저자 비피기술거래 / 19,500

**467** 경영지도사, 행정사 실무를 위한 녹색기업 지정제도 가이드
저자 한국기술인증협회 / 25,000

**468** 코로나19 이후 정유업계 기업 취업을 위한 용어와 이슈
저자 비피기술거래 / 19,500

**469** 기술지도사, 행정사 실무를 위한 정보보호제품 평가인증 취득 가이드
저자 한국기술인증협회 / 25,000

**470** 이공학엔지니어를 위한 다이어트_ 자기보상을 확실히 해줘라
저자 비피생활문화연구소 / 19,500

**471** 회생위원이 감수한 알기 쉬운 개인회생·파산
저자 변호사 김민규·김미현 / 19,500

**472** 경영지도사, 행정사 실무를 위한 환경교육프로그램 지정제도 가이드
저자 한국기술인증협회 / 25,000

**473** 기술지도사, 행정사 실무를 위한 녹색인증 취득 가이드
저자 한국기술인증협회 / 25,000

**474** 경영지도사, 행정사 실무를 위한 KS인증 취득 가이드
저자 한국기술인증협회 / 25,000

**475** 기술지도사, 행정사 실무를 위한 녹색건축 인증 취득 가이드
저자 한국기술인증협회 / 25,000

**476** 경영지도사, 행정사 실무를 위한 건축물 에너지효율등급인증 취득 가이드
저자 한국기술인증협회 / 25,000

**477** 기술지도사, 행정사 실무를 위한 토종가축 인정제도 가이드
저자 한국기술인증협회 / 25,000

**478** 경영지도사, 행정사 실무를 위한 우수물류기업 인증 취득 가이드
저자 한국기술인증협회 / 25,000

**479** 예비탐정(민간조사자)이 개업을 준비할 때 알아야 할 필수팁 모음집
저자 탐정업연구회 / 19,500

**480** 기술지도사, 행정사 실무를 위한 동물복지축산농장인증 취득 가이드
저자 한국기술인증협회 / 25,000

**481** 소방설비기사(기계분야) 하루라도 먼저 붙게 하는 암기책
저자 소방수험연구회 / 19,500

**482** 경영지도사, 행정사 실무를 위한 드론인증 취득 가이드
저자 한국기술인증협회 / 25,000

**483** 주택관리사 시설개론 하루라도 빨리 붙게 하는 비법책
저자 주택관리사시험연구회 / 19,500

**484** 기술지도사, 행정사 실무를 위한 수산물품질인증 취득 가이드
저자 한국기술인증협회 / 25,000

**485** 경영지도사, 행정사 실무를 위한 수산물 지리적표시제도 가이드
저자 한국기술인증협회 / 25,000

**486** 행정공무원, 의원보좌관이 알아야 할 이슈_ 공매도 행동주의 회사들과 니콜라 주식
저자 행정정책연구회 / 19,500

**487** 정책 및 지방공무원이 알아야 할 수소차와 수소경제 이야기
저자 행정정책연구회 / 19,500

**488** 증권투자자가 알면 좋을 포스트 코로나 시대의 삶과 백신 개발의 선두주자
저자 증권투자연구회 / 19,500

**489** 정책 지방공무원이 알아야 할 바이든 당선과 트럼프 패배가 가지는 의미
저자 행정정책연구회 / 19,500

**490** 일론머스크의 명언과 삶 그리고 약간의 프랑스어
저자 비피기술거래 / 19,500

**491** 동호인 테니스 공격적 결정발리의 핵_ 어깨가 들어가는 발리
저자 박기혁 / 19,500

**492** 맞춤형 화장품 조제관리사 교과서 술술 읽히고 암기되게 하는 책
저자 자격증수험연구회 / 19,500

**493** 은퇴자가 강의 스트레스 없이 완벽한 강의하는 법
저자 비피기술거래 / 19,500

**494** 전달력이 좋은 유튜브 강의법과 2차 수익모델 기부 받는 유튜브 이야기
저자 박강사 / 19,500

**495** 가솔린차에서 전기차로의 대전환과 관련한 부품회사 직원 교육법
저자 기술튜터토니 / 19,500

**496** 특성화고 강사 교사가 모터를 재미있게 잘 강의하는 법
저자 기술튜터토니 / 19,500

**497** 반도체 지식이 부족한 반도체 관련 회사 일반직원을 교육시키는 법
저자 기술튜터토니 / 19,500

**498** 섬유공학 패션의류 교강사가 강의를 효율적으로 재미있게 하는 법
저자 기술튜터토니 / 19,500

**499** 회사원이나 공무원이 행정사 1차 객관식 시험 합격하는 방법
저자 행정사시험연구회 / 19,500

**500** 공부시간이 부족한 기술고시 수험생을 위한 필승합격법
저자 기술고시수험연구회 / 19,500

**501** 셀트리온 그룹 주식 매수 전 알아야 할 용어와 이슈
저자 비피기술거래 / 19,500

**502** 제약 바이오산업 최대수혜주 기업과 이슈 동향 분석
저자 서울공대OB주식연구회 / 19,500

**503** 글로벌 친환경 정책 및 산업별 동향 분석
저자 비피기술거래 / 19,500

**504** 삼성전자 핫 키워드와 이슈 모르면 주식 대박 힘들다
저자 서울공대OB주식연구회 / 19,500

**505** 수소연료전지 시스템 구성에 필요한 BOP
저자 비피기술거래 / 60,000

**506** 반도체 핵심 삼성전자 취업을 위해 꼭 알아야 할 용어와 이슈
저자 비피기술거래 / 19,500

**507** 바이오 핵심 셀트리온 그룹 취업을 위해 꼭 알아야 할 용어와 이슈
저자 비피기술거래 / 19,500

**508** IT 게임업계 임직원을 위한 다이어트_ 심리학적 전략을 세워라
저자 비피생활문화연구소 / 19,500

**509** 감정평가사 합격 후 해야 할 일_ 전문서적 읽기와 영업론 파악
저자 감평사실무연구회 / 19,500

**510** 포스트 코로나 시대에 필요한 비대면 강의법
저자 비피기술거래 / 19,500

**511** 행정 정책 공무원이 알면 좋을 배달배송업의 현황과 미래
저자 비피기술거래 / 19,500

**512** 기술 행정 정책 공무원을 위한 반도체 관련 용어와 유래
저자 비피기술거래 / 19,500

**513** 가스기능사 필기시험 교과서 쉽고 빠르게 읽을 수 있는 법
저자 비피기술거래 / 19,500

**514** 의료인이 포스트 코로나 시대를 대비하여 알아야 할 사회 트렌드
저자 비피기술거래 / 19,500

**515** 동호인 탁구 관절 건강 지키며 즐겁게 오래 치는 법
저자 박기혁 / 19,500

**516** 취업난 속 인문대 졸업생에게 작사가를 추천하는 이유와 진입 가이드
저자 비피생활문화연구소 / 19,500

**517** 행정 정책 공무원이 알아둘 코로나로 인한 사회 변화와 코로나 백신
저자 비피기술거래 / 19,500

**518** 출판업 창업자를 위한 종이책과 이북 전자책에 대한 시장 분석과 가이드
저자 비피기술거래 / 19,500

**519** 자동차 관련 회사 임직원이 알면 좋을 미래에너지 수소와 수소차
저자 비피기술거래 / 19,500

**520** 상가 임대사업주의 공실 해결법_ 간판과 임시세 적극 활용하기
저자 비피기술거래 / 19,500

**521** 종교지도자가 숙지하면 좋을 코로나 후 우리 삶의 변화와 고찰
저자 비피기술거래 / 19,500

**522** 해외 주식 투자자는 이것을 알아야 한다_ 행동주의 공매도와 사례들
저자 서울공대OB주식연구회 / 19,500

**523** 의료인이 강의할 때 실수하는 사례 모음 및 강의 잘하는 법
저자 비피기술거래 / 19,500

**524** 신참법조인이 B급 전략을 안다면 개업에 성공할 수 있다
저자 법조연구회 / 19,500

**525** 담배소매업 개업 및 겸업 가이드와 Q_A
저자 비피기술거래 / 19,500

**526** 은퇴자가 증권투자를 해야 하는 이유 제시와 조언
저자 서울공대OB주식연구회 / 19,500

**527** 행정사 실무를 위한 전기용품 및 생활용품 안전관리법과 제도
저자 한국기술인증협회 / 25,000

**528** 공인중개사시험 의욕 부족한 사람 동기부여하여 합격하는 법
저자 자격증수험연구회 / 19,500

**529** 행정사 실무를 위한 환경측정기기 형식승인 정도검사 제도
저자 한국기술인증협회 / 25,000

**530** 골프 유망주가 무기력증과 우울감을 극복하여 성과 내게 도움주는 책
저자 비피교육연구소 / 19,500

**531** 국가과제 평가위원 활동 능숙하게 하는 법
저자 국가과제평가연구회 / 19,500